U0775238

这样的男孩受欢迎

自律 独立

晓玲叮当 编著

 目录

引　子 /1
有趣的灵魂 /2
做个有趣的人 /5
沼泽地的秘密 /7
书里有答案 /11
小老鼠和大象 /13
爱上运动 /17
昼夜 /19
守时的文学家 /23
咕咕专车 /25
靠窗的座位 /29

真正的大侠 /31
死灰复燃 /35
小狐狸布咚 /37
不会游泳的浣熊 /41
懒懒果 /43
青蛙与蟾蜍 /47
影猴 /49
粗鲁的松鼠 /53
傲慢的电风扇 /55
粗鲁的秧苗 /59
小邂逅 /61

火车人 /64
特别的礼物 /66
学会做饭 /70
喝杯"碰运气" /72
怦然心动整理魔法 /76
神奇的果实 /78
百里负米 /81
外婆的魔法 /83
当一天妈妈 /86
鹦鹉学舌 /88
五里 /92
巨人来了 /94
树仙的药 /98

敢不敢比一场 /100
好斗的"冤家" /103
彩虹房子找朋友 /105
皇帝的谅解 /108
橱柜来了新住户 /110
大号的我 /114
深夜访客 /116
飞鹰速成班 /120
汉斯和磨坊主 /122
狗熊的忠告 /126
开心水 /128
致命的金子 /132

附录 做最棒男孩的二十三个法宝 /134

引 子

每个男孩都想成为王子,

阳光又帅气的脸庞,

矫健又挺拔的身姿,

这些不是王子最迷人的地方。

真正的王子,

身体里蕴含着钢铁般的力量,

温文尔雅,智勇双全,

心胸宽广,志在四方。

亲爱的男孩,

愿你修炼成这样的王子。

有趣的灵魂

有一句话叫作:"好看的皮囊千篇一律,有趣的灵魂万里挑一。"文学大师钱钟书就是这样一个"万里挑一"的人,无论是在生活中,还是在作品中,他都将"有趣"二字发挥到了极致。

杨绛是钱钟书的夫人,也是一位文学大师,他们有一个女儿。生活中的钱钟书是个很顽皮的"大小孩",他很喜欢捉弄夫人和女儿。

有一次,杨绛在睡午觉,钱钟书提起蘸满墨汁的毛笔,给杨绛画了一个大花脸,自己则在一旁偷笑。杨绛醒来后,看到自己一脸的墨汁,又好气又好笑,赶紧去洗脸。

谁知,她的脸比宣纸还吸墨,脸皮都快搓破了,她才把墨汁洗掉。从此以后,钱钟书再也不敢给夫人画大花脸了。实在无聊的时候,他就画一幅夫人的肖像,再添上眼镜和胡子,以此作乐。

就连钱钟书的女儿都说:"我和爸爸最'哥们',我们是妈妈的两个顽童,爸爸还不配做我的哥哥,只配做弟弟。"

说起捉弄女儿，钱钟书还真有一套呢。晚上，钱钟书会悄悄在女儿的铺盖下"埋地雷"。他把各种玩具、镜子、刷子都藏在被子底下，有时竟连砚台和毛笔都塞进去。女儿要睡觉了，被这些东西硌得哇哇大叫，钱钟书则在一旁哈哈大笑。

后来，女儿摸清了父亲的"套路"。每次睡觉前，女儿都会检查床铺，把被子里的"地雷"取出，从此再也没有"中计"。换作别人，这种把戏玩多了，早就腻了，而钱钟书却乐此不疲。

钱钟书经常喜欢做一些与众不同的事情，杨绛也乐意跟着他玩。有一年冬天，钱钟书收到8000元稿费，在当时，那可是一笔巨款呀！钱钟书把钱装进袋子里，拍着

鼓鼓的袋子对夫人说:"走,逛商场去!我们去做一回富翁。"

他抱着钱袋,昂首挺胸地走在大街上,杨绛在一旁像个保镖。他们逛了好多家商店,最后却什么也没买,一分钱也没花出去。钱钟书笑着说:"别人以钱为乐,我以书为乐。今儿个想找找感觉,结果总不得要领。"

钱钟书视金钱如粪土,最爱做的事情是看书、写作。在作品中,他善用比喻,语言幽默诙谐,令人捧腹。

他写了一部短篇小说——《猫》,里面大部分内容是真人真事,很多当代的名人,都被钱钟书的幽默笔调嘲讽了一番。

比如《猫》里的人物陆伯麟,在现实中对应的是周作人。又比如小说里的袁友春,他影射的是林语堂:"读他的东西,总有一种吃代用品的感觉,好比涂面包的植物油,冲汤的味精。"

有一次,自家猫和林徽因家的猫打架,钱钟书去给自家的猫"助攻"。杨绛怕伤了邻里和气,便用钱钟书小说里的经典句子劝道:"打狗要看主人面,那么,打猫要看主妇面了!"

从青丝到白发,钱钟书的一生是有趣的,他善于从小事里寻找乐趣,玩味细节。也正是因为如此,他的作品才如此别具一格。这位文学大师有着一个有趣的灵魂。

做个有趣的人

生活并不缺乏趣味，而是缺乏发现趣味的眼睛。

画家丰子恺的画很有趣，他把生活中的趣事画在纸上，寥寥几笔，那有趣劲儿就出来了。他画笔下的动物和人都很传神，透过他的画，你能看出他对生活的热爱。

丰子恺的文字也很有趣。他写的《学画回忆》，把儿童那天真可爱的样子都写出来了，让人读了不禁会心一笑。如果丰子恺没有一颗童心，他很难描摹出这样细腻有趣的儿童心理。

丰子恺把自己的生活过得也很有趣。闲暇的时候，他喜欢约上三五好友，喝上几杯绍兴黄酒，下酒菜不用山珍海味，花生、豆腐干足矣。生活对他来说，最重要的是有趣，有了趣味，即使身处陋室也快乐。

丰子恺的生活就是由这些无数的小趣事组成的,简单却快乐。

亲爱的男孩,我们常说:"生活中并不缺乏美,而是缺乏发现美的眼睛。"

同样地,生活并不缺乏趣味,而是缺乏发现趣味的眼睛。当个有趣的人其实很简单,只要留心观察生活,学会记录生活中的小趣事,有几个自己的爱好,你就称得上有趣了。

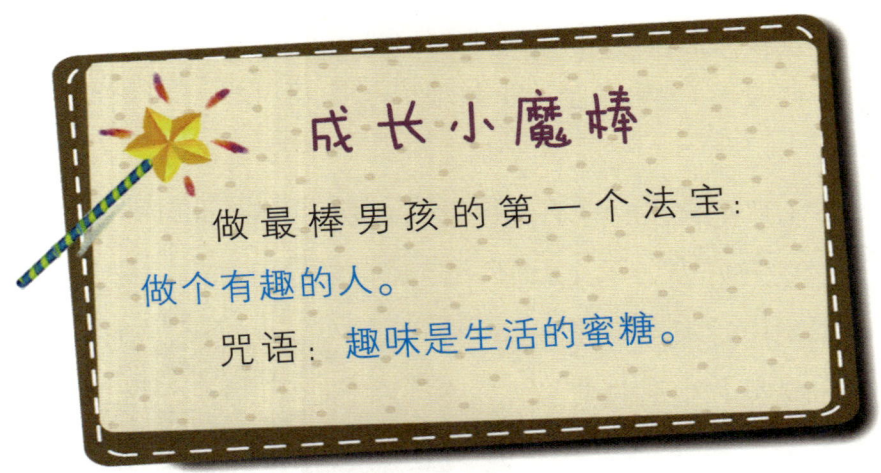

成长小魔棒

做最棒男孩的第一个法宝:做个有趣的人。

咒语:趣味是生活的蜜糖。

沼泽地的秘密

浅水村的南边有一大片沼泽地。

沼泽地是浅水村的禁地。村里世世代代流传着一个传说，沼泽地里有水鬼。据说，水鬼喜欢把活物拉进沼泽地里淹死，谁碰上水鬼，就别想活命啦！

那片沼泽地本来是块宝地，里面长满了珍贵的药材。很久以前，浅水村村民以制药为生，药材生意红红火火，家家户户都很富裕。

不知什么时候有了水鬼的传说，谁也不敢进沼泽地采药了。制药产业荒废了，浅水村越来越穷，变成了贫困村。

阿志是浅水村现任村长，他一直在调查沼泽地有水鬼这件怪事，想让浅水村恢复以前的繁荣。

阿志很喜欢看书，和那些对沼泽地深怀恐惧的村民不同，他相信自然科学类书籍里说的，世界上没有妖魔鬼怪，那些所谓的鬼怪，源自人类对世界未知的恐惧心理。

可他采访了很多村民，众说纷纭，阿志一点儿头绪也没有。

"村民是因为读书太少，才相信鬼怪的吧。"阿志想。

一天，阿志正在家中查阅沼泽地的资料，外面突然传来一阵阵喧闹声，他出门想看个究竟。

只见一群人围成一个圈，圈中是倒在地上的王叔。王叔像触电一般浑身抽搐，口吐白沫，嘴里不停地叫着："水鬼！水鬼！"

阿志赶紧上前安抚王叔，王叔情绪稳定后，说出了事情的原委。

原来，王叔想去沼泽地碰碰运气。他正采药时，浸在水中的腿突然感到发麻，怎么也挪动不了步子，那感觉就像触电一样。他直挺挺地倒在沼泽地里，一直往下陷。靠着求生的本能，他抓住一条粗树根，才侥幸脱险。他的腿脚已经麻木，只好爬回村里。

听了事情的经过，阿志想到了他在书上看到的一个故事，这个故事和王叔的经历太像了。

在亚马孙河的森林沼泽地带，经常有人被沼泽地里的不明生物攻击，导致溺亡。受害者的症状也是像触电一般，双腿发麻……

"我要去沼泽地验证一下我的猜测。"阿志对村民说。

村民们纷纷上前劝阻，不想让阿志白白送命，可阿志还是去了沼泽地。

沼泽地上飘着一层层白雾，黑乎乎的泥水里时不时地泛起

一圈圈涟漪，看上去可怕极了。

阿志折了一根粗树枝，使出全身力气，用树枝在泥水里搅动起来。水里传来一阵"噼里啪啦"的响声。

"'水鬼'来了！"阿志屏住呼吸，继续搅动着泥水。

"水鬼"露出了真面目……

"哗"的一声，一条条鱼蹦出了水面！

这些可不是普通的鱼！它们身子呈灰褐色，很长，体表很光滑，阿志在书上看到过，它们叫"电鳗"。

原来，传说中的"水鬼"就是它们！

电鳗能发出高达六百多伏的电压，它

释放的电量，足够击晕一头牛。人被电鳗击晕后，倒入水中，便会溺水而亡，这个情形，真像有水鬼要取人性命一样。

不过，电鳗放电的时间不长，一次放电之后，要过很长时间才能继续放电。阿志就是利用电鳗的这个弱点，用树枝搅得它们惊慌无比。它们拼命放电，不一会儿，身体里的电就全放完了。

这时的电鳗对人已经毫无威胁，阿志用草叶把这些电鳗串在一起，拎回了村。

回到村里，阿志跟村民们解释了一番，村民们这才恍然大悟。

"你觉得自己无法解释的事情，也许书里会有答案，千万别再弄出个'水鬼'了！"阿志对村民们说。

"村长，你那套百科全书能借给我看看吗？"王叔的脸红红的，他看了看自己那双粗糙的大手，有点不太相信这双手还能翻书。

"借给你可以，但我有个条件——"阿志顿了一下，笑道，"你厨艺好，把这些电鳗炖成鱼汤，大家分着喝了！"

在鱼汤腾腾的热气里，阿志仿佛看见了浅水村蒸蒸日上的未来。

书里有答案

你觉得自己无法解释的事情，也许书里会有答案。

故事中的阿志是个爱读书的人，书籍丰富了他的世界，纵使他身处偏僻的村子，他的眼界却延伸到了更远的地方。面对村民们的"迷信"，阿志大胆质疑，最终破解了谜团。

就像他说的，你觉得自己无法解释的事情，也许书里会有答案。书里有一个奇妙的世界，藏着万事万物的谜底，等待着你去冒险，去寻求。

小时候，我总是喜欢问为什么，问得爸爸妈妈头都大了，他们经常回答不了我的问题。后来，爸爸给我买了一套《十万个为什么》，让我去书里寻找答案。

读了《十万个为什么》，我的知识储备更丰富了，知道了很多冷僻的知识，还时常拿来考小伙伴们。

每次去动物园，我都是大家的"解说员"，我能说出每个动物的习性和特点，还有一大堆动物的趣闻，大家都叫我"百科全书"。

亲爱的男孩,我知道你爱冒险,爱探索未知世界。你知道吗,你可以在书中经历无数次的冒险,翻开书籍,无数的未知世界也等待着你去探索。

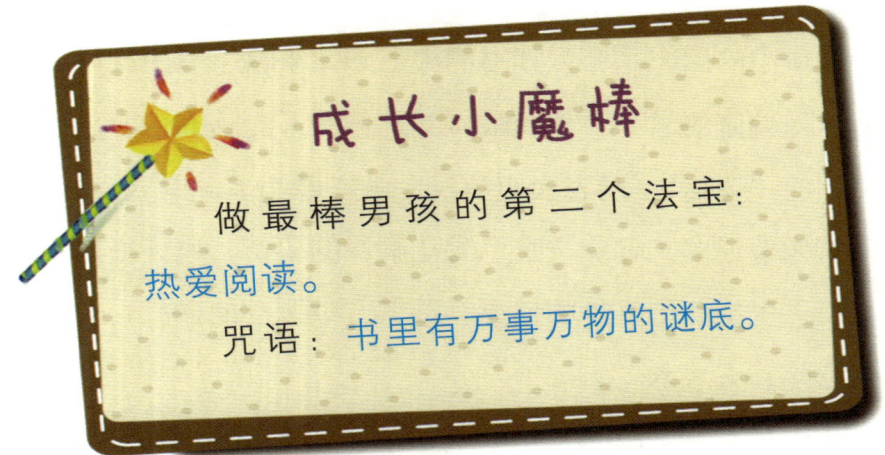

成长小魔棒

做最棒男孩的第二个法宝:

热爱阅读。

咒语:书里有万事万物的谜底。

小老鼠和大象

大象自从蝉联了五届森林拳击大赛冠军后,越发扬扬得意,目中无人。

这天下午,小老鼠走在回家的路上,突然,一个猛烈的撞击,让他狠狠地摔了一跤。等他回过神来,头上肿了个大包,刚买的樱桃蛋糕也被人踩扁了。

小老鼠抬头一看,"罪魁祸首"大象正扭头朝他哈哈大笑:"小老鼠,真柔弱,轻轻一撞摔跟头。"

这大象,平时就总嘲笑柔弱的小动物,听说他昨天故意溅了蚂蚁一家一身泥,今天竟然撞小老鼠,简直欺人太甚!

小老鼠眼中噙满泪水,看着地上的樱桃蛋糕,他的心中燃起一团火焰,心想,自己一定要变得壮壮的,不能老受大象的欺负。

隔天,天还没亮,小老鼠就已经在跑步了。不一会儿,小老鼠累得气喘吁吁,额头上布满了细密的汗珠,纤细的双腿变得又沉又重,就像灌了铅似的。

小老鼠咬咬牙坚持往前跑,经过了公鸡家。这会儿,公鸡正揉着惺忪的睡眼，爬上草垛，他看见跑得上气不接下气的小老鼠，十分不解："嘿，你干什么呢？"

小老鼠喘了口气，大声地回答说："从今天起，我每天都要早起跑步，锻炼身体，让自己变得壮壮的！"

公鸡一听，竖起大拇指连声赞叹，临别时还让小老鼠以后每天叫自己起床打鸣。

光跑步可不够，小老鼠还做了两个苹果哑铃。

瞧，他来到了草坪上，吹吹手后，单手举起一个苹果哑铃。可是，他的小身板哪里经得起这么折腾，"哐当"一下，苹果哑铃砸在他的脚丫子上，砸出了个大包。

看来，还要勤加练习！小老鼠边揉着脚丫子边想。

对了！犀牛也很了不得，他是历届掰手腕大赛的冠军。小老鼠连忙跑去向他取经。

犀牛正在洗泥巴浴，他挠挠脑袋说："变得强壮？我也不知道，但是平日里我最喜欢洗泥巴浴了，要洗整整一个小时才舒服。"

小老鼠听后，也跳进泥潭里。可是，这泥潭对于小老鼠来说，压根儿不是泥巴浴缸，分明是个泥潭游泳池。

小老鼠只好使劲地甩动双手，猛蹬双腿，在泥潭里游泳。他游一会儿，休息一会儿，终于在日落前游够了一个小时。

春天，万物复苏，新一届的拳击大赛拉开了帷幕。

在擂台上，大象接连打败了身强力壮的大猩猩和大公牛，他的脸上洋溢着笑容,正当大家要把冠军奖杯再次颁发给大象时,一个小小的身影出现在大家的面前。

是小老鼠!

大家都吓了一跳,大象心中很是不屑,觉得小老鼠真是自不量力。他哪儿知道,每天锻炼身体的小老鼠,现在是只小

壮鼠呢！

比赛一开始，小老鼠灵活地在拳击台上跳啊跳，大象在一旁摩拳擦掌，想一下子就抓住他。

可是，小老鼠的动作实在太敏捷啦！大象用尽了全身力气，朝他扑来扑去，愣是没抓着。

短短几分钟后，大象累得趴在拳击台的围绳上喘气。

小老鼠没有放松警惕，趁着大象喘息的空当，他敏捷一跃，跳上了拳击台的立柱。

他把手攥成拳头，想向大象的长鼻子挥去。就在这时，大象反应了过来，立马回扑。

突然，小老鼠灵机一动，收住拳头，转身往大象的长鼻子上轻巧一蹦。

这下，大象不仅没抓到小老鼠，还因此扑了个空，重心不稳，重重地摔倒在地，晕了过去。

最后，小老鼠居然夺得了拳击大赛的冠军！

这可成了一个大新闻！更有趣的是，从这天起，小动物们也跟着小老鼠一块儿运动，森林里掀起了一股"健身潮"。

爱上运动

生命在于运动。

——［法］伏尔泰

英国文豪萧伯纳的父亲，是一个既喜欢乱吃，又喜欢抽烟、喝酒，唯独不爱运动的人。在萧伯纳小的时候，父亲就对儿子说："孩子，以我为前车之鉴吧！我做的事，你都不要学呀！"

长大后，萧伯纳果然与父亲截然不同，他不吸烟，不喝酒，饮食以粗粮面包和蔬菜为主。更令人佩服的是，他一直都坚持运动。后来，他活到了94岁的高龄。

萧伯纳参与各种各样的体育运动，游泳、长跑、骑行、散步、打拳，每一项运动他都乐在其中。

每天一大早，他起床后，先洗个热水澡，之后便开始游泳。他也喜欢日光浴，是一个狂热的太阳崇拜者。为了能晒到充足的阳光，他在故乡庭

院的花园里建造了一间茅屋,以便汲取太阳的精华。

长期的运动以及健康的生活方式,给了萧伯纳一个强壮的体魄,让他时刻保持充沛的体力。

亲爱的男孩,你喜欢运动吗?试着培养自己爱运动的好习惯吧!

运动能让你的身体变得强壮,抵抗住疾病的侵袭;运动还能帮助你排解不良情绪,让你成为一个自信的、积极向上的男子汉。

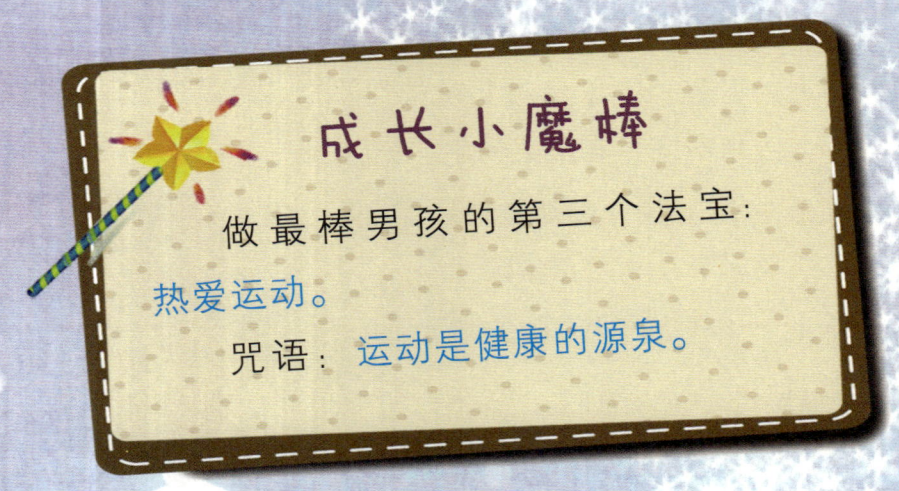

成长小魔棒

做最棒男孩的第三个法宝:热爱运动。

咒语:运动是健康的源泉。

昼夜

你知道吗,有位昼夜老人,他住在天宫里,掌管着日月星辰,朝朝暮暮。

昼夜老人变出一朵黄雏菊,用嘴轻轻一吹,那朵黄雏菊慢慢地升到天上去,变成了一轮朝阳,金灿灿的早晨就开始了。

他拿把刷子,蘸上黑色颜料,在天空上刷呀刷,天空就变成了黑色,他又蘸了蘸金色颜料,在天空上点出月亮和星星,夜幕就降临了。

最近,昼夜老人的身体有点不好,他在夜空上点星星时,手都抖了,金色的颜料哗啦啦地掉落。

那晚,地上的人们看见了一阵又一阵的流星雨,半边天空都是亮闪闪的。

"我真是老啦!"昼夜老人叹了口气,"看来,我得让旦旦接班了。"

旦旦是昼夜老人的徒弟,也是下一个要掌管昼夜的人。昼夜老人对旦旦很严厉,他经常对旦旦说:"一秒都不能差!"

昼夜老人把旦旦叫到面前,说道:"我有事要出趟远门,这一周就由你来掌管昼夜，该教的我都教过你了。记住，什么时间就要做什么事。"

"好嘞！师父，您就放心吧，我心里的钟准着呢，不会出岔子的！"旦旦一脸轻松地保证道。

昼夜老人看了旦旦一眼，有些不放心地出发了。

前几天，旦旦都认认真真地工作，一秒不差。现在是冬天，昼夜老人叮嘱过，夜要长一些，白昼要短一些。旦旦算好时间，太阳、月亮都出现得刚刚好。

一天傍晚，旦旦趁着空闲，来到凡间，倚在一棵月桂树旁吹笛子。笛声很好听，引来了一只雪兔。雪兔浑身毛茸茸的，可爱极了，旦旦忍不住摸了摸雪兔的头。

"你的笛声真美妙！我都忍不住要跳舞啦！"雪兔边说边跳起了蹦跶舞。

"谢谢你的赞美！你的舞跳得也不错！"旦旦很开心。

"笛子先生，我想邀请你去参加动物们的森林音乐会，你的笛子吹得那么棒，一定会让音乐会更精彩！"雪兔的眼睛睁得圆圆的，眼神里充满了期待。

"我很想去，"旦旦有些犹豫，"但是，我怕耽误正事……"

"不会啦！你就去玩一会儿，吹奏一曲就走，好吗？对啦，音乐会现场还有许多礼物，听说还有支冰笛等着送出去呢！"

听到有冰笛，旦旦心动了。冰笛是用一千年的寒冰做成的

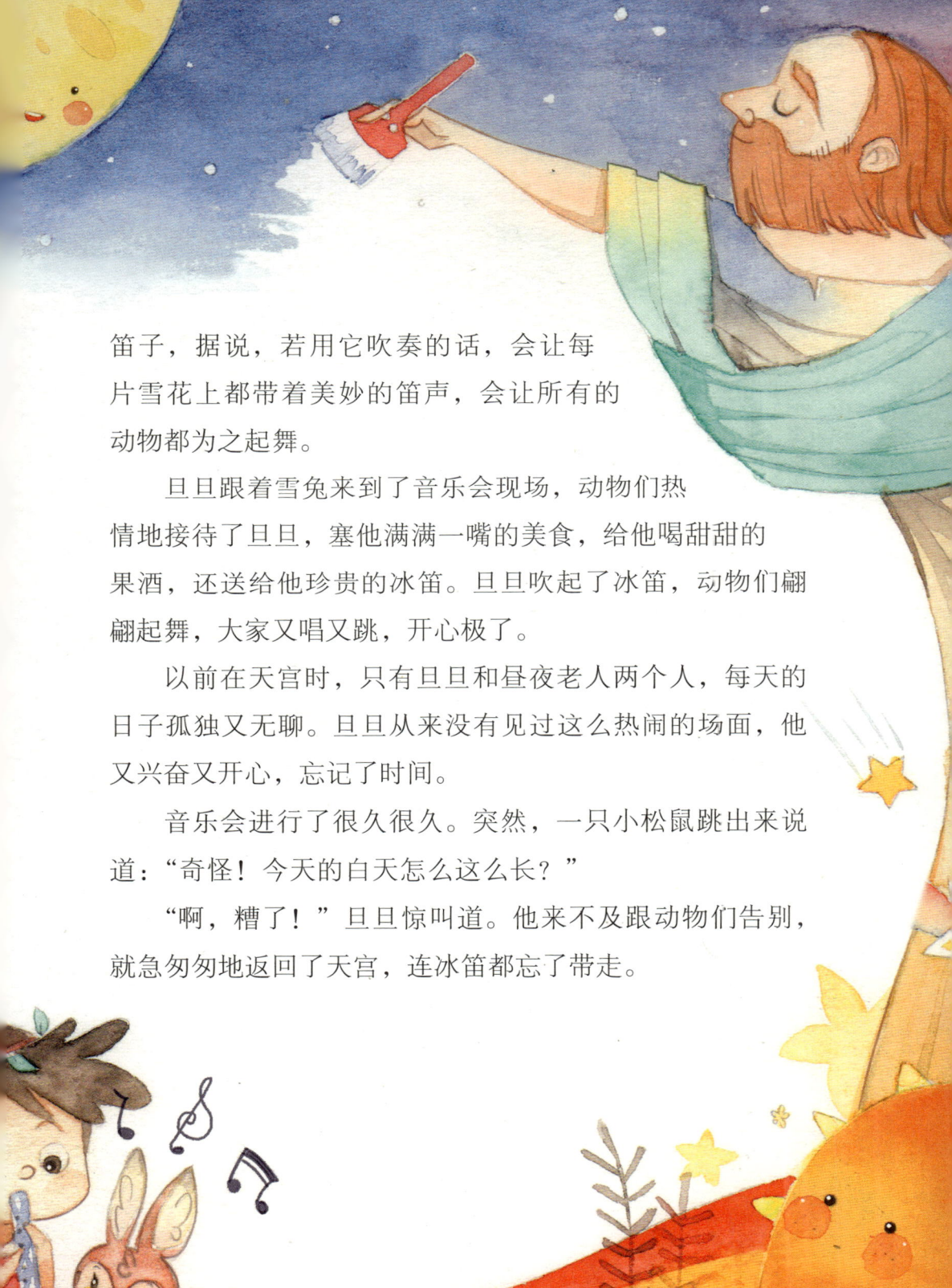

笛子，据说，若用它吹奏的话，会让每片雪花上都带着美妙的笛声，会让所有的动物都为之起舞。

旦旦跟着雪兔来到了音乐会现场，动物们热情地接待了旦旦，塞他满满一嘴的美食，给他喝甜甜的果酒，还送给他珍贵的冰笛。旦旦吹起了冰笛，动物们翩翩起舞，大家又唱又跳，开心极了。

以前在天宫时，只有旦旦和昼夜老人两个人，每天的日子孤独又无聊。旦旦从来没有见过这么热闹的场面，他又兴奋又开心，忘记了时间。

音乐会进行了很久很久。突然，一只小松鼠跳出来说道："奇怪！今天的白天怎么这么长？"

"啊，糟了！"旦旦惊叫道。他来不及跟动物们告别，就急匆匆地返回了天宫，连冰笛都忘了带走。

旦旦刚到天宫，就发现昼夜老人等在那里。

"旦旦，你没有遵守时间。你的一个失误，让大地陷入了混乱！"

昼夜老人挥了挥衣袖，地上的画面展现在旦旦面前——猫头鹰出不了门，被日光晃得晕头转向；鸟儿哈欠连连，可就是睡不着觉；纺织娘和蛐蛐儿也没法对着月亮弹唱了……

旦旦羞愧地低下了头。他下定决心，以后一定牢牢记着时间，再也不贪玩了。

从那之后，旦旦再也没有出过差错。他心里的钟时刻在提醒着他："一秒都不能差！"

守时的文学家

时间就是性命。无端地空耗别人的时间,其实是无异于谋财害命。

——鲁迅

明代文学家宋濂小时候很喜欢读书,奈何家境贫寒,家里没有闲钱给他买书。他只好向别人借书,和书的主人约定好时间归还书。

借到自己喜欢的书,他便如饥似渴地读起来,还争分夺秒地把整本书都抄下来。等约定的还书时间到了,他便一路飞奔着去送还书籍,不敢有丝毫耽搁。

因为宋濂非常守时,又爱惜书籍,所以很多人都愿意把书借给他。宋濂因此有机会博览群书,长大后成了一位知识渊博的学者。

鲁迅曾说:"时间就是性命。无端地空耗别人的时间,其实是无异于谋财害命。"我们不仅要懂得珍惜自己的时间,也要懂得珍惜别人的

时间。

亲爱的男孩,守时是一种可贵的品质。跟别人约定好时间,就一定不要迟到。如果和别人约好在某地见面,请记得一定要提前十分钟赶到,这是对别人的尊重,也是一种良好的习惯。

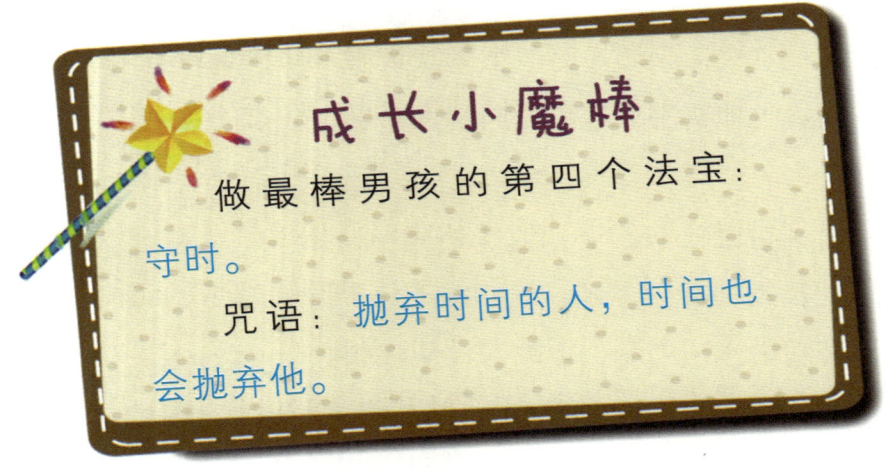

成长小魔棒

做最棒男孩的第四个法宝:守时。

咒语:抛弃时间的人,时间也会抛弃他。

咕咕专车

很久很久以前,有头聪明的大象发现了商机——大象有宽阔的背,走起路来很平稳,适合载客。于是,这头大象就创立了家族企业——咕咕专车公司。

公司雇了许多灰鸽当客服,灰鸽停靠在森林的各个角落,森林里哪个动物要出行,只要唤声"咕咕",便有一只灰鸽飞来,热情地对乘客说:"您好!欢迎使用咕咕专车!请问您要去哪里?"

等乘客说出目的地,灰鸽便火速出发,找到离自己最近的一头大象来载客。每头载客的大象身上,都用浆果汁写着:

起步价一串香蕉,每公里收费两根香蕉。

咕咕专车公司越办越红火,最近还增加了投诉机制,如果乘客对哪头大象的服务不满意,就可以向灰鸽客服投诉。

大象阿飞最近也加入了咕咕专车公司。他的表现可不太好,老是被乘客投诉。

就说他接的第一单吧。松鼠要搬家到河对岸,便联系灰鸽客服派车。恰好阿飞在附近,灰鸽客服便安排阿飞帮松鼠搬家。

别看松鼠小小的,他的东西可多了!什么松果、核桃、榛子、板栗……各种零食用芭蕉叶包得鼓鼓囊囊的,这可都是松鼠的宝贝啊!

松鼠把坚果包裹放在大象背上,不放心地叮嘱道:"河水很急,你走慢点、稳点,一定要保护好我的宝贝坚果!"

"放心啦!"阿飞不耐烦地说道。

阿飞驮着包裹,下了河。他走得飞快,蹄下的水花溅得老高,坚果都被打湿了。

"慢点,慢点!"松鼠在岸边焦急地叫道。

阿飞完全没听到松鼠的话,只顾着开小差了。"快点搬完,回家吃香蕉大餐!"阿飞想。

"扑通!"阿飞没注意脚底下,被河床上的一块大石头绊倒了,背上的坚果包裹掉进水里,被湍急的水流冲得不见了踪影。

"我的坚果啊!我的宝贝!"松鼠气得差点晕过去,他叫来灰鸽客服,给了阿飞一个差评。

接下来的几天,阿飞又连续接到了好几个差评,有的说他走得太快,有的说他走得不稳,有的……总之,乘客对他很不满意,说他是马大哈,干什么都马马虎虎。

这次，阿飞接了一个大单子——载仓鼠一家去观光！一只、两只、三只……一共六十六只！仓鼠一家挨个儿上了阿飞的背。

为了改变大家对自己的看法，阿飞老老实实地走路，不快不慢，载着仓鼠一家在森林里观光。仓鼠们好奇地瞪大了双眼，以前，所有的花草树木都好高好高，现在，在大象背上，这些花草树木都变矮了，这真是美妙的感觉！仓鼠一家高兴地拍手、唱歌儿，夸赞阿飞真能干，要给阿飞好评。

六十六只仓鼠，六十六个好评！阿飞心里美滋滋的。

突然，他的头晕得厉害，身体摇摇晃晃的，步子也乱了起来。只见阿飞身体一歪，仓鼠一家全被甩掉了，掉进了地上的泥坑里。

"重大交通事故！重大交通事故！"一只灰鸽客服听到动静，立马赶来。

灰鸽客服见阿飞晕乎乎的模样，凑上去闻了闻大象的嘴巴。

"醉驾！"灰鸽客服皱着眉头说道。

"啊……一定是醉醉果捣的鬼，昨天我不小心吃多了……对不起，我大意了，忘了这茬事……"阿飞晃着脑袋说道。

"你这个马大哈！"灰鸽客服无奈地摇了摇头，"对了，刚收到六十六个差评！"

靠窗的座位

男儿要胆大,更要心细,方能做成大事。

订票服务公司专门为繁忙的商务人士提供订飞机票或者火车票这类的服务。

有一位德国商人,因为做生意,经常要在东京和大阪之间来回奔波。让他感到奇怪的是,他每次坐的位置都是靠窗的。商人觉得这不是巧合,便去订票服务公司一探究竟。

原来,订票服务公司专门有一位姑娘负责该商人的订票业务,姑娘解释说:"列车开往大阪时,富士山在列车的右边;列车开往东京时,富士山在列车的左边。您工作繁忙,应该没有太多机会出去游玩,我想让您在路途中能看到美丽的富士山,这样,心情也会变好。"

商人很感动,向订票服务公司老板表扬了这位姑娘。老板被姑娘的细心打动了,给姑娘升了职。后来,这位姑娘自己开了一家公司,公司以"注重用户体验"而出名。这位姑娘就是大名鼎鼎的日本女企业家寺田千代乃。

亲爱的男孩,你也要向这位姑娘学习,要明白细心是一件很重要的事。男儿要胆大,更要心细,方能做成大事。如楼宇设计过程中,一个小错误,一点小马虎,都有可能使整栋楼崩塌。人生也是这样,因为一个小差错,就有可能陷入绝境。细心的人更能把握好自己的人生。

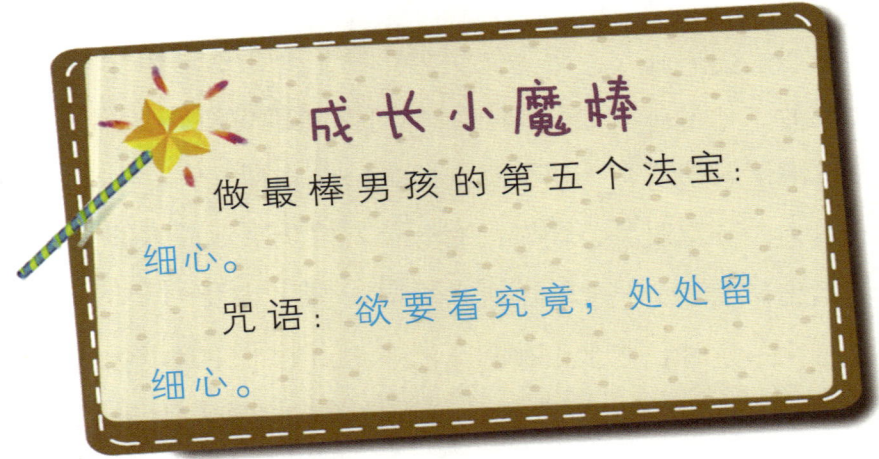

成长小魔棒

做最棒男孩的第五个法宝:细心。

咒语:欲要看究竟,处处留细心。

真正的大侠

今天是一个非常重要的日子，在京城举办的比武大会就要开始了，李小剑准备去大展身手。李小剑想，如果能在比武大会上得第一，自己就能变成人人崇拜的大侠了。

可是，李小剑特别不走运，他才出发没多久，钱袋就被小偷摸走了。

身无分文的他连一个包子都买不起，只能盯着包子铺里的包子流口水。

一个驼背的老人看见了李小剑的落魄模样，打算帮助他。老人买了两笼包子，一笼自己吃，一笼送给了李小剑。

李小剑一边大口地吃着包子，一边打听老人是做什么的。让他想不到的是，老人也是要参加比武大会的侠客。说起这个，老人还特地让李小剑看看自己的宝剑。

这让李小剑觉得有些滑稽。

"老头儿，你这把老骨头还去参加什么比武大会啊？我看你连剑都挥不动吧。"李小剑虽然吃着老人买来的包子，嘴巴里说出的话却很不屑。

驼背老人挑了挑眉毛,慢慢地喝了一口水:"我难道就不能当大侠吗?"

"老头儿你可真逗!你是大侠的话,我就是天下第一了!"李小剑感觉像听了个天大的笑话,嘴里的包子都笑喷了出来。

李小剑笑得完全没有一个侠客的风范,他一边笑,一边把桌子拍得啪啪响。

等他笑完,抬头一看,驼背老人身上沾满了他喷出的包子馅。他再低头一看,哎呀!他拍桌子的力道没控制好,老人的一笼包子也被他拍到了地上……

原本驼背的老人现在看起来更加滑稽可笑了,满身的包子馅让他看起来像个乞丐!

老人没有理会李小剑这个浑小子,摇了摇头,清理好衣裳,离开了包子铺。李小剑心里可没感激老人的宽宏大量,他觉得老人是怕他,不然老人肯定是要找他麻烦的。

"哟,这老头儿的宝剑忘记拿了!"李小剑惊叫道。

李小剑摸了摸宝剑,真是喜欢得不得了!于是,他四下里瞅瞅,看没人注意,便拿起宝剑,偷偷地溜出了包子铺。

他一心只顾赶路,却没看见前面有几个彪形大汉,直接硬生生地撞了上去。

"你小子不长眼吗?"一个大汉抓住李小剑的衣领,"今天我们一定要好好教训你!"

"对不起，对不起，我刚刚没注意。"李小剑急忙道歉，这些人可不比驼背老人，他们一个个人高马大的，一看就不好惹。

大汉们不想放过李小剑，沙包大的拳头就要朝李小剑砸去。这时，一道人影闪过，那人用手掌灵巧地接下了大汉们的拳头，大汉们重心不稳，连连后退。李小剑一看，那人正是请他吃包子的驼背老人。

"他都道歉了，你们就放过他吧。"老人说。

李小剑原本以为老人是来找他麻烦的，没想到老人竟然是来帮他的。李小剑回想起刚才自己的所作所为，一张脸顿时红得像猴屁股一样。

大汉们不想罢手,一个个围了上来。驼背老人看似弱不禁风,实际身手了得。他左一拳,右一脚,把大汉们都打趴下了。大汉们打不过老人,只好灰溜溜地逃走了。

打跑了那些不讲理的大汉,老人看着李小剑说:"你还觉得我不能当大侠吗?"

李小剑羞愧地低下了头,然后把宝剑还给了老人,由衷地认为老人才是真正的大侠!

死灰复燃

宽广的心胸,能容下大海。

西汉时期,梁王幕下有一位谋士叫韩安国。他帮助梁王解决过不少政治危机,因此深得梁王的信任。

一次,他因功获赏,却引得小人妒忌,遭到陷害,被梁王关入了大牢。

牢狱中有一个狱吏田甲,平日里就时常欺负囚犯。韩安国入狱后,田甲看韩安国曾经虽然是身居高位的大官,如今却成了阶下囚,便落井下石,想尽法子侮辱韩安国。

一天,田甲指着一堆燃尽的灰烬嘲讽韩安国:"呵,如今的你,比那堆灰烬还要渺小。"

韩安国平静地回答:"你最好不要再这样仗势欺人,即便是死灰,也有复燃的时候。"

田甲听了,不屑极了:"若是死灰真能复燃,我定以尿浇灭它!"

不久后,韩安国被汉景帝任命为梁国内史。田甲听说此事,唯恐韩安国报复自己,连夜出逃。

但韩安国下令:"如果田甲不回来任官,灭其全族。"

无奈之下,田甲只好回来请罪。他战战兢兢地跪着,等待韩安国降罪。只听韩安国笑道:"如今死灰已经复燃,你可以撒尿浇灭它了。"说完,韩安国竟然恢复了田甲的官职。

韩安国的大度,直到今日还常常被人称颂,后人都对他宽广的心胸十分佩服。

亲爱的男孩,大度是一种宽广非凡的气度,心胸宽广的人往往能赢取人心,成就事业。一个人有多大的胸怀,就有多大的舞台。请记住,宽厚大度的人,才能把人生的道路越走越宽。

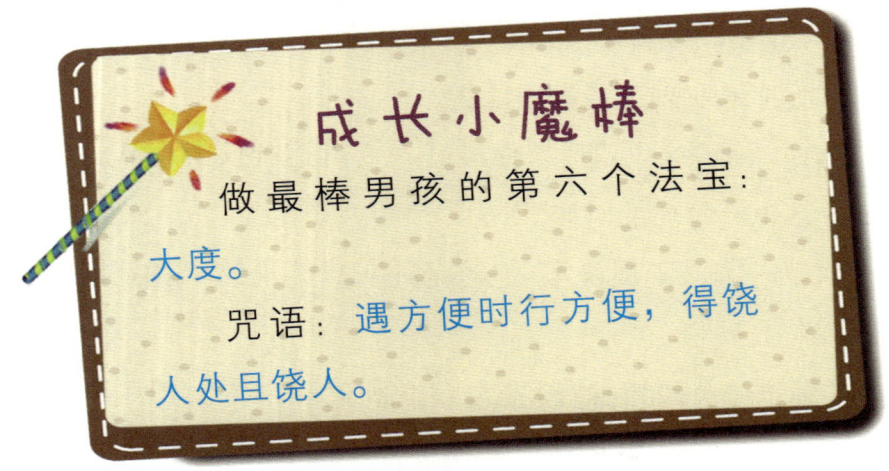

成长小魔棒

做最棒男孩的第六个法宝:大度。

咒语:遇方便时行方便,得饶人处且饶人。

小狐狸布咚

清晨,一缕金色的晨光穿过薄雾,窗外的梧桐树叶随着晨风沙沙作响。

烟囱里冒出袅袅炊烟,狐狸妈妈正在灶台旁忙着做饭。一会儿,狐狸妈妈就把热腾腾的包子和牛奶摆上了饭桌。

狐狸妈妈解下围裙喊道:"布咚,起床吃饭啦——"

布咚在床上翻了个身,吧唧吧唧嘴巴,再次陷入香甜的美梦中。

狐狸妈妈见布咚没动静,只好到房间来催促:"我的小祖宗啊,今天要去森林学院报到,再不起床就迟到啦!"

布咚这才慢悠悠地睁开眼睛,他懒洋洋地张开双臂,等着狐狸妈妈替他换衣服。

狐狸妈妈给布咚换好衣服,抱着布咚到洗漱台,帮他刷牙、洗脸、梳毛。

洗漱完,布咚乐呵呵地来到饭桌前。可他看见饭桌上的东西以后,原本上扬的嘴角立刻耷拉了下来。

"我要吃鱼!鱼!鱼!"布咚鼓着腮帮子,气呼呼地喊。

狐狸妈妈安抚道:"乖,妈妈明天再给你做鱼吃。"

布咚说什么也不肯,他一定要今天就吃鱼,否则他什么也不吃!

狐狸妈妈无奈地叹了口气,赶紧去灶台烧鱼。

等到一盘红烧鱼烧好,已经日上三竿了。

布咚拖拖拉拉地吃完早餐,和狐狸妈妈一起到森林学院报到。

其他学员早早就报到了,只有小狐狸布咚迟到了一个小时。

"都怪妈妈动作太慢!"布咚责怪道。

布咚闹着脾气,动作粗鲁地从妈妈手上接过小背包,头也不回地朝班级走去。

"丁零零——"森林学院开课了。

黑熊老师指引着布咚坐到自己的位子上。

一瞬间,布咚身后蓬松发亮的大尾巴不见了,取而代之的是一把破扫帚。他惊慌地瞧瞧四周,发现大家的尾巴都变成了扫帚,微微松了口气。

"扫帚扫掉灰,尾巴立马归。"黑熊老师的声音响起。

这可苦了布咚,他连穿衣洗漱都是妈妈一手操办,哪会扫灰呀。

眼看小松鼠悠贝"嗖嗖"两下就把灰扫得一干二净,毛茸茸的尾巴就变回来啦!

布咚的尾巴扫帚扫得灰尘满天飞,愣是把狐狸的脸蛋儿弄得脏兮兮的,引起咳嗽声不断。

没等布咚的尾巴归来,他的两只大耳朵也不见了,只有两个小布袋挂在脑袋上。

"布袋装食物,肚子填饱饱。"森林食堂的蓝猫大叔不知道什么时候冒了出来。

午后,空气中弥漫着闷热的气息。布咚早已饿得前胸贴后背,小肚子咕咕直叫了。

要是在家里,狐狸妈妈一定早就烤好了香甜的树莓蛋挞喂他吃。可现在……

布咚看见小蜜蜂甜甜钻到郁金香花盏里，一会儿，头顶的触角布袋就装满了花蜜；小啄木鸟咕咕站在香柏树上，"笃笃笃"，啄出三条虫子装进翅膀布袋……

只有布咚什么食材都不会找，他耷拉着脑袋上空空的布袋耳朵，丧气极了。

好不容易熬到放学，狐狸妈妈来森林学院接布咚。可布咚既没有狐狸尾巴，也没有狐狸耳朵，干净的衣服也变得脏兮兮的，狐狸妈妈瞧了半天，愣是没认出布咚。

布咚的眼睛里顿时冒出一串串泪珠："呜，我再也不当家里的小祖宗了！"

不会游泳的浣熊

路要靠自己去走，才能越走越宽。

——[法]居里夫人

生活中也有许多"小狐狸布咚"，爸爸妈妈对他们总是"捧在手里怕掉了，含在嘴里怕化了"。

父母对孩子的爱总是浓厚的，然而，过于浓厚的爱就成了溺爱。这样的溺爱，培养出来的是温室花朵，经不起一点儿风雨。

有一只小浣熊很依赖父母。觅食和游泳这两项基本技能，小浣熊都不会。

日子一天天过去，小浣熊越长越胖。

有一天，小浣熊在湖边玩耍，一不小心失足掉到了湖里。他不会游泳，也不知道抓住旁边能救命的石头，胖乎乎的身子慢慢往下沉。

幸亏一只苍鹰恰巧飞过，把小浣熊救了上来。

险些丧生的小浣熊这回吸取了教训，再也不敢什么事都依赖别人了。

后来呀，他从父母那儿学会了许多本领，最擅长的一件事就是游泳。

亲爱的男孩,你是否也像布咚和小浣熊一样,过着"衣来伸手、饭来张口"的生活呢?如果是的话,一定要学会自己的事情自己做哦。因为只有学会独立,才能在风雨中屹立不倒。

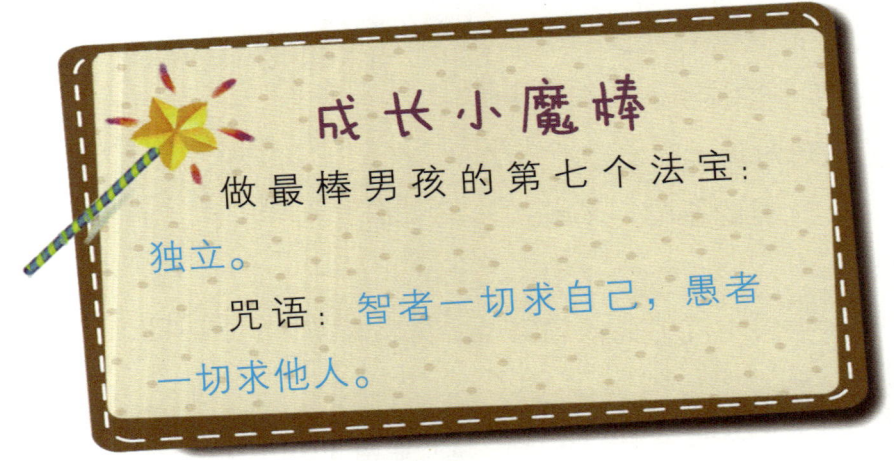

成长小魔棒

做最棒男孩的第七个法宝:独立。

咒语:智者一切求自己,愚者一切求他人。

懒懒果

小猪吞吞住在山那边的野果林里。

野果林里长着许多山楂树,细碎的阳光洒在山楂树上,一颗颗红彤彤的山楂果看起来真诱人呀!

吞吞咽着口水,摘了好多颗山楂揣在兜里。他要把山楂带回家,让妈妈做好吃的糖葫芦!

走在回家的路上,吞吞发现了一件新鲜事。啧啧,一块大石头上竟然长了一棵树,树上还结着一颗大果子!吞吞仔细一看,果子还是桃心形的呢!

一转眼,吞吞就把这颗果子摘了下来。他想,今天是爸爸妈妈的结婚纪念日,可以把桃心果当作礼物送给他们,这个主意真是棒极了!

猪爸猪妈都特别喜欢这个礼物,他俩一人一半,笑眯眯地吃完了桃心果。

傍晚,奇怪的事情发生了。

在太阳打着哈欠往下沉的时候,猪爸猪妈还懒洋洋地躺在床上睡大觉。

吞吞的肚子饿得咕咕叫,他在猪爸猪妈的耳边喊:"该吃晚饭啦!"猪爸猪妈就像没听见似的,懒懒地在床上翻了个身。

这一翻身,把吞吞吓了一跳。猪爸猪妈的背上竟然都长出了一个蜗牛壳!

吞吞连忙要拉着爸爸妈妈去看医生,可猪爸猪妈都哼哼着说:"不去不去,懒得去看。"

没办法,吞吞只好自个儿跑到镇上找老羊医生。

老羊医生听吞吞说完猪爸猪妈的症状,就知道是怎么回事了。他捋了捋长长的胡子,给吞吞讲了一个故事:

野果林里住着一只大蜗牛。大蜗牛总是懒懒地待在原地,一动也不动。慢慢地,他的蜗牛壳上长出了一棵懒懒树。当天上出现红月亮的时候,懒懒树就会结出红色的懒懒果。

谁要是吃了懒懒果呀,就会长出蜗牛壳,变成大懒鬼。要想治好这"懒懒病",必须让野果林里的大蜗牛动起来,懒懒果的魔力就消失喽。

吞吞听完恍然大悟。原来,全是那颗桃心果捣的鬼!他急匆匆地跑回家,和爸爸妈妈说了这件事。可他俩窝在床上,眼皮都懒得抬,压根儿懒得理会吞吞的话。

吞吞叹了口气,只好自己转着尾巴想办法。

嘿,有了!

第二天一早,野果林就传出了一阵浓郁的糕点味。吞吞

早早就买来一块热乎乎的牛奶蛋糕,在大蜗牛鼻子前晃来晃去。可大蜗牛趴在那儿,一动也不动,懒懒的眼神似乎在说:"我才懒得吃。"

吞吞干脆放下蛋糕,爬到大蜗牛身上给他挠痒痒。可是,大蜗牛像块木头一样,一点儿反应都没有。

"你怎么不怕痒呢?"吞吞拧着眉毛,一脸无奈。大蜗牛的眼神还是懒懒的,似乎在说:"我才懒得痒。"

吞吞从来没见过这么懒的蜗牛!他只好垂头丧气地回家了。

猪爸猪妈还在床上躺着,吞吞端着

蛋糕一口一口地喂爸爸妈妈，还把屋子收拾了一遍，累得尾巴都酸疼酸疼的。

夜里，吞吞的脑子里突然冒出个好主意！

第二天，吞吞带着一把小铲子，到大蜗牛面前挖起土来。

太阳慢慢地升起来，吞吞的额头上冒出了许多汗珠。一只蝴蝶飞来，惊奇地问道："你在干吗？"

吞吞喘着气，回答："我要给大蜗牛挖个滑坡！"

蝴蝶给他加油，还张开翅膀，帮吞吞擦去汗水。

他不停地挖呀挖呀，挖到月亮都探出了脑袋。吞吞累极了，手上都磨出了水泡。滑坡总算完工喽！

吞吞跑到大蜗牛身后，铆足了劲儿推，可是大蜗牛还是纹丝不动。

就在他愁眉不展的时候，蝴蝶带着一队蜜蜂和蚂蚁来帮忙。

"嗨哟嗨哟！"大家一起使劲推。

"嗖"的一声，大蜗牛顺着滑坡滑了下去。

成功啦！大蜗牛动喽！

吞吞谢过大家，兴冲冲地往家里跑。他远远看见家里的烟囱正冒着白烟。

吞吞一进门，哈，猪妈正拿着一串糖葫芦等着他呢！

青蛙与蟾蜍

才能一旦让懒惰支配，它就一无可为。

——[俄]克雷洛夫

青蛙与蟾蜍生活在一片池塘附近。

青蛙总是在稻田里捕捉害虫，而蟾蜍通常都躲在路边的草丛里睡懒觉。

一天，青蛙跑到草丛里推醒蟾蜍，劝说道："蟾蜍兄弟，我看你最好搬到稻田里来吧，躺在路边真是太危险了。田里有许多虫子可以吃，还能顺便帮农民做好事呢。"

蟾蜍懒洋洋地摆摆手，说道："算了吧，我可懒得搬地方。"

青蛙见劝说不动蟾蜍，只好作罢。

过了几天，青蛙又来到路边的草丛里问候蟾蜍。没想到，蟾蜍竟然已经奄奄一息。

原来，蟾蜍总是懒得挪动位置，整天躺在大路边。在一天夜

里，他被路过的马车轧过身子，受了重伤。

蟾蜍太懒惰了，他为自己的懒惰付出了沉重的代价。事实上，很多时候，厄运都是因为人的懒惰和不良习惯才降临的。

亲爱的男孩，懒惰是一种堕落，它就像腐蚀剂一样，不知不觉之中侵蚀着人的精神和意志。懒惰的人往往一事无成，他们是思想上的巨人，行动上的矮子。所谓"成事在勤，谋事忌惰"，人最大的对手，不是别人，而是自己的懒惰。做个勤快而努力的人，在未来的日子里，你想要的，岁月都会给你满满的馈赠。

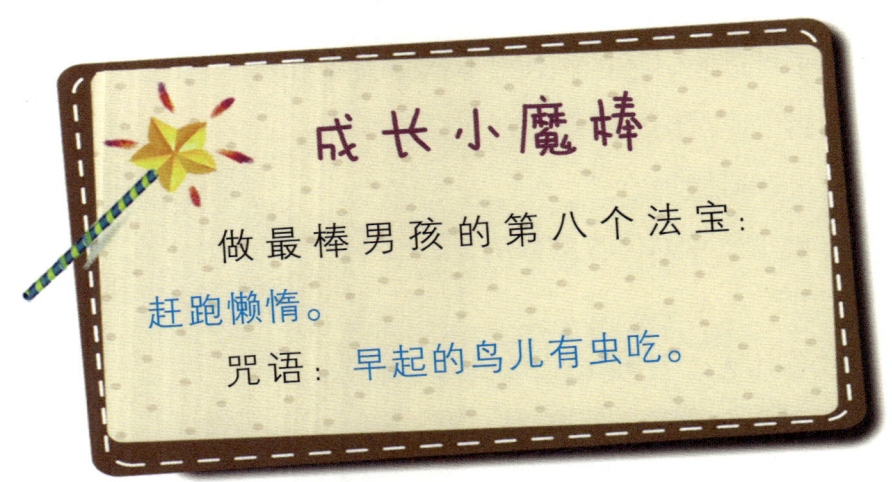

成长小魔棒

做最棒男孩的第八个法宝：

赶跑懒惰。

咒语：早起的鸟儿有虫吃。

影猴

  天空阴沉沉的，忽然，剧烈的狂风如同一条从天而降的巨龙，扑向了影子森林。霎时，所有草木都在风中翻滚。一只影猴来不及躲避，被这场龙卷风带到了一个遥远的镇子上。

  影猴站在这个陌生的地方，一脸迷茫。这时，旁边的树上跳下来一只大猩猩，调侃他："哟，哪来的一只长尾巴猴？"大猩猩一边说，还一边伸出手拽了拽影猴的尾巴。

  影猴很生气，他也学着大猩猩的模样调侃："哟，哪来的一个香肠嘴？"

  两个家伙吵了起来，谁也不饶谁。影猴吵累了，自顾自地转身离去，留下大猩猩在那儿干瞪眼。

  路上，影猴遇到了其他的小动物。你猜怎么着？他对每只动物都粗鲁极了。

  看见正在啃萝卜的小兔，他称呼她"三瓣嘴"；遇见了正在练习打鸣的小公鸡，影猴二话不说就揪下人家尾巴上的一根羽毛，疼得小公鸡龇牙咧嘴的。

  这会儿，影猴在美食街遇到了正在吃薯片的小猪。他看着小猪手上那包美味的薯片，流下一地口水，请求小猪分享一小片给他尝尝。

哪儿知道，小猪火速地把薯片全倒进自己嘴里，津津有味地嚼起来，连一丁点儿碎屑也不放过。他吃完以后还嘚瑟地炫耀："薯片真好吃，我才不给你吃呢！"

影猴咽了咽口水，从怀里掏出一串香蕉，这是他给自己准备的晚餐。

这下小猪眼馋了，他大喊一句："我也要吃！"说着就伸手想抢影猴的香蕉。影猴眼疾手快地推开小猪，小猪一屁股摔在地上，"呜呜"地哭起来。

影猴才不理会小猪呢，这一回，他又学到了一招：抢食物。这下可好，不少小动物的食物都被影猴抢走了。

松鼠的核桃松饼、小兔的胡萝卜冰淇淋、小老鼠的星空棒棒糖，还有绵羊小妹的青草汁……都进了影猴的口袋里！大家气得火冒三丈，可都拿影猴没办法。

傍晚，影猴正在草坪上踩健身自行车玩儿，虎娃过来了，他很霸道地一把推开影猴，自己开心地玩了起来。

这下影猴不干了，他学会了虎娃的霸道，气呼呼地把虎娃赶走，自己霸占了自行车，谁来都不让玩儿。

影猴的这些举动惹怒了许多人，这天，大家都围在一起讨论该怎么把影猴赶出镇子。

小老鼠出了个好点子：打扮成怪兽吓跑他！

于是,大猩猩、小猪和虎娃分别把自己装扮成树叶怪、骷髅怪和绿舌怪。他们趁影猴独自走在小路上时,猛然跳出来冲他做鬼脸。没想到,影猴压根儿不害怕,还学会了吓唬人。

第二天夜里,影猴打扮成可怕的僵尸,把大家都吓得够呛!

小动物们都觉得影猴太讨厌了,可是又拿他没办法,于是,他们去向老龙爷爷讨主意。

老龙爷爷问大家:"你们知道

小猴子是从哪儿来的吗？"

大家你看看我，我看看你，谁都不知道。

老龙爷爷捋了捋长长的胡子，说道："我已经打听过了，他来自影子森林，是一只影猴。你用什么行为对待他，他就会模仿你的行为。想一想，你们都对他做了什么呢？"

大家回想起自己初次见到影猴做的那些事，羞愧地低下了头。原来，这一切全是他们自己造成的。

大猩猩率先带头，诚恳地向影猴道歉；小猪把家里的零食带来与影猴分享；虎娃荡秋千时，看见影猴过来，连忙热情地邀请他一起玩儿。

对了，小老鼠呢？他呀，在家里忙活了好几天，为影猴准备了一场化装晚会呢！

从那以后，影猴变了，他变得可爱又懂礼貌，每个小动物都很喜欢他，他还获得了"荣誉镇民"的称号呢！

粗鲁的松鼠

爱人者，人恒爱之；敬人者，人恒敬之。

——孟子

松鼠旺旺总是一副趾高气扬的样子，对别人十分粗鲁。这天，他走在林间小道上，一只蜗牛迎面朝他走来，挡住了他的去路。结果，旺旺抬起腿，一脚踹飞了小蜗牛，还凶巴巴地瞪着眼睛说："走开，别挡我的路！"

旺旺在河边喝水，一只金鱼在河里快活地游来游去。可是，旺旺觉得金鱼妨碍了他喝水，二话不说就捡起一颗小石子扔到河里，吓得金鱼四处逃窜。

到了晚上，夜色朦胧，旺旺看见路上又有一团东西挡了他的路。他想也没想，又是一脚踹了过去。

"哎哟哟！"他痛得大声地叫唤起来。

原来，他踹的是一只刺猬！刺猬摇摇头说："你对别人粗鲁无礼，别人自然也不会对你以礼相待。"

旺旺站在那里，羞愧极了。

俗话说："赠人玫瑰，手留余香。"反过来想想，粗鲁的行为就像一丛荆棘，会刺痛他人的心。亲爱的男孩，得体的举止是人与人之间相处的润滑剂,而粗鲁的举止则让人心生厌烦。晓玲姐姐希望你可以做一名小小绅士,对周围的人以礼相待。

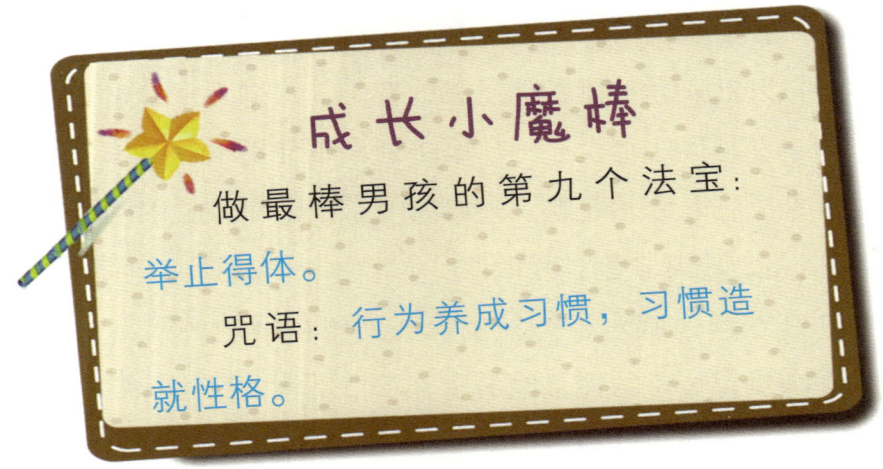

成长小魔棒

做最棒男孩的第九个法宝:举止得体。

咒语:行为养成习惯,习惯造就性格。

傲慢的电风扇

黄昏，小城笼罩在一片金色的晚霞中，家家户户炊烟袅袅。

晚饭过后，乐乐全家一块儿出门散步，家里顿时变得静悄悄的，唯独座钟的指针在嘀嗒嘀嗒地走着。

突然，电风扇发出一阵吵闹的"嗡嗡"声，他左右摇晃着脑袋，凶巴巴地招呼所有家电到客厅集合。下一刻，原本安静的家中便响起窸窸窣窣的声音。

集合干什么呢？家电们虽然疑惑，但还是行动起来。不一会儿，小不点遥控器、冰箱叔叔、电视机爷爷还有其他大大小小的家电都来到了客厅。

只见电风扇旋转起扇叶，吐出风，嚣张地说："鉴于大伙儿工作了这么长时间，我认为有必要评一评谁是这个家里贡献最大的家电！"瞧他那得意的模样，分明已经认定自己是功劳最大的那一位。

没想到，电风扇没有等来大家的夸奖，反倒被晾在了一边。

这不，电视机爷爷正在感激一旁的小不点遥控器平日里对他的帮助，要是没有遥控器，他的用处可就大大"缩水"啦！

小不点遥控器害羞地红了脸，他觉得，电视机爷爷才是这个家里最棒的！要知道，乐乐一家人每天都看着电视机爷爷发出欢快的笑声呢。

不少家电夸赞吸尘器每天为大家清除灰尘，实在称得上是劳苦功高。冰箱叔叔也贡献良多，家里的蔬菜、水果全靠他保鲜！

大家觉得每个家电都为这个家出过力，都是不可或缺的角色。

然而，电风扇心里可不这么想。他被忽视了好半天，心里憋足了气，终于忍不住爆发了。他用力发出巨大的"嗡嗡"声，大家的目光都朝他看来。

"哼，你们这些有眼无珠的家伙，竟然都看不到我的好处！遥控器的脑袋一点也不灵光，动不动就失灵！电视机这上了年纪的老糊涂，花屏的次数还少吗？"电风扇气愤地说着，他的三片扇叶越转越快，嘴里源源不断地吐出伤人的话语。

所有家电都被他贬得一文不值，大家听了这些话又是气愤，又是伤心。小不点遥控器委屈地流下两行眼泪，趴在电视机爷爷身上抽噎。

"你也是我们家电的一分子，大家彼此一起生活了这么久，你说这些话真是太过分了！"座钟里的布谷鸟忍不住跳出来，制止电风扇继续嗡嗡乱说。

电风扇一点儿也不领情，他白眼一翻，难听的嗡嗡声更响亮了。"闭嘴吧，少自以为是啦。你整天除了'布谷布谷'地瞎叫唤，还会什么呀？哼，照我说，用不了多久你就要被扫地出门了！"

他越说越起劲，家电们劝说的声音全被他刺耳的嗡嗡声掩盖了。大家忍不住捂起耳朵回到原位，不再理会还在那儿喋喋不休的电风扇。

看见大家都对自己视而不见，电风扇的脾气越发大起来。他快速转动扇叶，独自在客厅发出一阵阵怒吼声，嘴里也咒骂得更加起劲:"你们这些家伙……"

　　不知不觉间,电风扇的扇叶越转越快,似乎已经不受控制了。就在电风扇发出最后一声咒骂之后,他那三片扇叶瞬间飞了出去,整个身体也随之散架了。

　　过了一会儿,乐乐一家人散步回来,一进门就发现客厅里坏掉的电风扇。爸爸感叹道:"是时候买一台空调啦。"说着,便把废弃的电风扇搬出了屋子。

粗鲁的秧苗

说话是一门艺术，是我们彼此亲近的渠道，而不是相互伤害的武器。

在一片绿油油的田野里，生长着一片水稻秧苗。

一只青蛙看见这些可爱的嫩苗，热心地来帮忙驱虫。秧苗们都由衷地向青蛙道谢，只有一株秧苗趾高气扬地说："呵，你们这些青蛙都是替我驱虫的仆从。赶紧，动作快些！"

青蛙一听，气愤地转身离去。他可不愿意为这株无礼的秧苗驱虫！

清晨，太阳公公升到天空，洒下金灿灿的阳光，照耀在秧苗们身上。

秧苗们集体向太阳公公问好，只有那株无礼的秧苗在咒骂："讨厌的阳光，离我远点！太刺眼了！"

太阳公公板起脸，召唤来一朵小阴云，恰好挡在这株秧苗的头顶上。现在，阳光照不到它了。

时间一天天过去，秋天来了，田野里的秧苗变成了成熟的稻穗。唯独那株言语粗鲁的秧苗，因为饱受虫害和缺少光照，早已枯萎在泥土里。

你发现了吗？电风扇和那株傲慢的秧苗一样，只顾自己一时爽快，丝毫不考虑说出的话是否会对别人造成伤害。

亲爱的男孩，说话是一门艺术，粗鲁唐突的语言往往会刺痛人们的心，让他人反感；而温和礼貌的语言则是冬日里的骄阳，给人们带来舒心的暖意。希望你能成为一名谈吐得体的人，口吐芬芳，温暖他人。

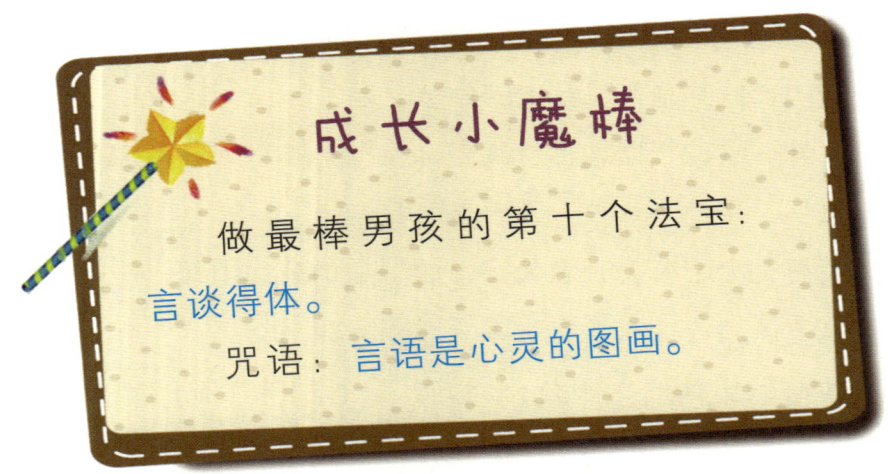

成长小魔棒

做最棒男孩的第十个法宝：

言谈得体。

咒语：言语是心灵的图画。

小邋遢

在童话王国的最北边,有一座神秘的小镇。镇子里,有个叫小邋遢的小男孩。

小邋遢真是太不爱干净了。他在泥土路上奔跑、打滚,在河边挖蚯蚓,用脏手抓东西吃。他也不爱洗澡,回家之后甩开鞋子,不换衣服就爬上床睡觉。

大家都不乐意和这个邋遢的小男孩玩。

"哼,有什么了不起的,我自己一个人也能玩得很开心。"小邋遢不服气地想。

小邋遢一路踢着石头往前走着。

不知不觉间,他走进了一片森林。小邋遢好奇地东瞅瞅、西看看,到了森林深处。

"哇,好漂亮的湖!"小邋遢的眼前出现了一汪澄澈的湖泊,"如果能在里面游泳该有多畅快呀!"他这么想着,马上"扑通"一声跳进湖里。

"是谁?把我的浴池都弄脏了!"小邋遢刚跳进湖里,远处就响起一声愤怒的咆哮。

天哪！是一个巫婆！

"就是你这个脏兮兮的小鬼把我的洗澡水弄脏的吗？"

巫婆把小邋遢提到眼前仔细看了看，接着嫌弃地说："臭死了！你是刚从臭水沟里爬上来的吗？"

小邋遢看着巫婆愤怒的样子，吓得尿了裤子。

"讨厌的脏小孩，我要惩罚你，把你变成一只猪，让你和你的泥巴一起过日子！"巫婆愤怒地嚷嚷着，把小邋遢甩到了地上，用手里的魔法棒对着小邋遢一挥，"嘭"的一声响后，小邋遢变成了一只黄色的小猪！

巫婆说完，骑着扫帚没了影。

小邋遢看着巫婆远去的背影，伤心地大哭起来。

不知道哭了多久，小邋遢的肚子里开始发出"咕噜咕噜"的声响。

"我要赶快回家去，回家就有东西吃了。"这么想着，小邋遢撒开蹄子就跑了起来。

他跑出森林，看到熟悉的小镇，忍不住欢快地叫起来。

"大婶，快看！这只猪是不是你家丢的那只？"小邋遢听见有人这么喊道。

"太好了！我的猪终于找到了！"

小邋遢看见一个农妇拿着一根木条走了过来。

"噢，我的小可怜，跑出去十几天就瘦了一大圈，不怕不怕，现在就带你回家。"接着，农妇"嗬嗬"地吆喝了起来。

就这样，小邋遢被大婶赶到家里的猪圈，和她家里的一群猪生活在了一起。

"好臭，离我远一点！"小邋遢不停地后退，想要离其他猪远一点儿。他退呀退，最后缩到了墙角。

"软软的，热乎乎的是……"小邋遢低头看了看自己的蹄子，紧接着"嗷"的一声，凄厉地叫了起来。

他踩到猪屎啦！

猪圈里，小邋遢还在"哼哧哼哧"地哭着。他的身上又被别的猪蹭上猪粪了。

"好想回家，好想妈妈……"小邋遢哭着哭着，就睡着了。

"我要洗澡，我不要脏兮兮的！"小邋遢大叫了一声，身体突然向上弹了一下，接着，他缓缓地睁开眼睛，发现自己正躺在卧室的床上。

他掀开被子，一下子从床上跳了下来，冲向浴室。他想要痛快地洗个澡！

从那之后，小邋遢变得爱干净了，小伙伴们都喜欢和他一起玩儿，再也不取笑他了。

火车人

邋遢的外表，会掩盖你优秀的内在。

阿迪是个火车人。

火车人是什么呢？平时，他们长得和普通人类一样，但工作时，他们就能变成火车！

一开始，大家都特别喜欢阿迪，因为他的速度是所有火车人中最快的，他不仅快，还特别稳。

但阿迪有一个缺点，就是他不爱收拾自己。

一天、两天……一个月过去了，阿迪一次澡都不洗！他的身上散发出阵阵恶臭，车厢里堆满了垃圾。

最后,大家都不愿意搭阿迪的车了。

而火车人阿慢呢?他的速度虽然是所有火车人当中最慢的,可他却是最受欢迎的火车人。

这是为什么呢?一个到站的乘客为大家解开了这个疑惑,他说:"我最喜欢搭阿慢的车,因为他的车厢干净又整洁!"

一个人的能力越强,就一定越受欢迎吗?这样的想法是不对的。阿迪多么优秀呀!但是因为他太邋遢了,最后,所有人都不愿意搭他的车。

这个小故事告诉我们,一个干净、整洁的外表是多么重要呀!整洁的外表可以给人留下良好的印象,这也是对他人的尊重。

亲爱的男孩,你愿意当一个干净清爽的男孩,还是脏兮兮的"小泥猴"呢?

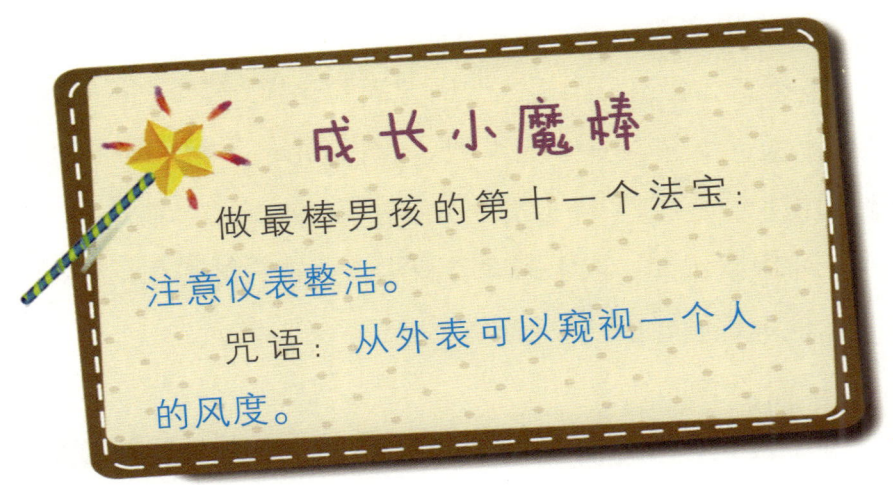

成长小魔棒

做最棒男孩的第十一个法宝:注意仪表整洁。

咒语:从外表可以窥视一个人的风度。

特别的礼物

生日蛋糕上燃着十一根蜡烛,阿宝今天十一岁啦!

餐厅里,橘色灯光温柔地倾泻在一家三口身上,父亲和母亲温柔地注视着儿子。

"我们的阿宝又长了一岁,今年我要送你一个特别的礼物。"父亲丁宁神秘兮兮地从背后掏出了一个包装精美的礼盒。

今年爸爸会送自己什么礼物呢?玩具赛车、变形金刚还是遥控飞机?阿宝迫不及待地打开了礼物盒,他愣住了。

礼物盒里竟然摆着一条围裙。

"爸爸怎么会送我围裙?"阿宝满脸诧异。

"让爸爸给你讲一个故事吧。"看着儿子不解的眼神,母亲淑娟说。

丁宁眼眶湿润,双手摩挲着围裙,柔软的触感在记忆深处蔓延,他娓娓倾吐出一段往事。

有个男孩,他生在一个幸福美满的家庭中,爸爸宽容敦厚，妈妈贤淑温柔。

在男孩十一岁那年的一天，妈妈突然感觉到胸口剧痛，到医院一检查，竟是癌症晚期。一夜之间，这个噩耗让原本幸福的家庭坠入深渊。

几个月的治疗结束之后，医生摇摇头说，这病怕是没希望了。妈妈坚持从医院回到家中，想陪着自己的丈夫和儿子度过她最后的时光。

爸爸整天唉声叹气，从前滴酒不沾的他也开始借酒消愁了。

妈妈倒丝毫没有表现出伤心的情绪，她还是如同往常一样，脸上挂着一抹温柔的笑，不过现在，那笑里多了一丝眷恋和不舍。她的身体越来越差，整个人瘦成皮包骨头。

男孩每天放学的第一件事就是飞奔到妈妈的卧室门口，他就怕哪天看见那张床上空荡荡的……

一天，妈妈把男孩叫到床前，给他系了一条围裙。围裙兜

里还有妈妈写的一张小卡片：

孩子，妈妈没有什么本事，不能给你留下钱财和名利。在我最后的时光里，我只能教会你做饭，当你独自一人时，也能吃上一顿香喷喷的热饭。好好照顾自己，你是妈妈最深的牵挂。

男孩读着卡片上的话，豆大的泪珠吧嗒吧嗒地掉了下来。妈妈吃力地抬起手，轻轻拭去男孩脸上的泪水。

妈妈下不了床，做菜教学全靠口述，从择菜、切菜到炒菜，事无巨细，妈妈都耐心地指导男孩。爸爸扔掉了酒瓶，也加入到了做菜教学中。

男孩学得很认真，他做出的第一道菜是青椒炒土豆丝，他把菜端到妈妈跟前。尽管土豆丝粗得像手指头，还有些半生不熟的，但一家人还是很开心地吃完了一整盘土豆丝。

慢慢地，男孩学会了做很多菜。中秋节的晚上，他做了一大桌子菜，里面有妈妈最爱吃的糖醋鱼。可是，妈妈最终还是没尝到儿子亲手做的那道糖醋鱼，在那个月亮圆圆的夜里，她永远地离开了这个世界。

后来，男孩长大了，成了一名建筑师。在无数个画图的夜晚，肚子饿了，他会给自己和同事们煮一锅简单的番茄鸡蛋面。同事们笑着说："你真是居家好男人，我们这些单身汉只会泡方便面。"

每每听到这话,男孩都会想起那张卡片上的话——"好好照顾自己"。每一道精心烹制的菜肴,都是妈妈对儿子的祝福,妈妈虽然离开了这个世界,但她的爱并未散去,她用一种特别的方式在世间守护着儿子……

丁宁的声音戛然而止,往事历历在目,刻骨铭心,此刻,他已泣不成声,他取出一张夹在书中发黄的卡片递给儿子。

阿宝读着卡片上的字,眼角湿润了。他默默系上围裙,抱紧了爸爸妈妈。

那张卡片静静地躺在桌子上,浸在暖暖的橘色光线里,上面的一句话格外耀眼:

好好照顾自己,你是妈妈最深的牵挂。

学会做饭

做饭是一件很有意义的事。

每天看着妈妈从菜市场提着一大篮菜回家,淘米、煮饭、洗菜、切菜……你也许会认为煮饭、做菜是一件无聊又琐碎的事吧?

你也许还会认为,做饭是大人的事,自己不用操心。可是,你有没有想过,如果哪一天爸爸妈妈不在家,谁给你做热腾腾、香喷喷的饭菜呢?

学会做饭是我们独立生存的一项技能。以后你也许会离开家,去远方读大学,去异乡工作,你总不能把父母带在身边做饭,或者天天吃外卖吧?

况且,父母养育我们已经不易,作为孩子也应该做一些力所能及的事来回报他们。想象一下,父母辛苦了一天,如果能吃到你为他们做的一顿热腾腾的饭菜,他们该会多么惊喜;或者,父母的生日那天,你亲手为他们煮一碗长寿面,烧几样可口的菜,他们一定会很感动。

烹饪可以给我们带来很多快乐。当你用心做出一道香喷喷的美食,你会有满满的成就感。让朋友尝尝你的好手艺,你会很有幸福感。

亲爱的男孩,做饭其实一点儿也不枯燥,一点儿也不困难。只要你肯跟爸爸妈妈学学,动动手,就一定会慢慢喜欢上它。其实,做饭也是一门学问呢,各种各样的食材搭配,五花八门的烹饪方法,天南海北的口味差别,其中的乐趣可不少哦。

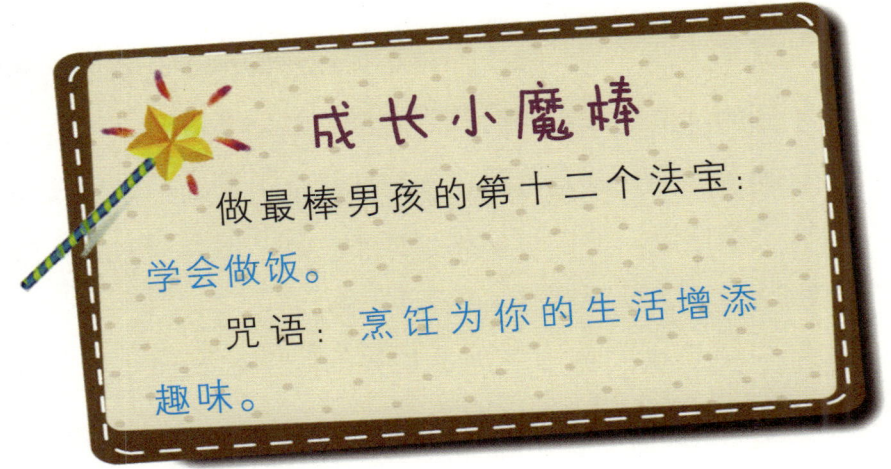

成长小魔棒

做最棒男孩的第十二个法宝:学会做饭。

咒语:烹饪为你的生活增添趣味。

喝杯"碰运气"

兵兵是个不爱收拾的家伙。瞧他的卧室，什么衣服呀，鞋子呀，玩具呀，都堆成了一堆。

每次出门前，他在杂物堆里随便找出几件衣服，便穿在身上出门了。

兵兵是不穿袜子的。袜子们都是捉迷藏的高手，它们会藏在意想不到的地方。兵兵想要找到它们，没门儿。

一天晚上，兵兵睡意蒙眬，慢慢地进入了梦乡。

一阵"轰隆隆"的响声从屋顶传来。兵兵睁开眼，嘴巴张得大大的，天哪，屋顶竟然飞走啦！

无数只臭烘烘的袜子飞进了兵兵的卧室，在屋子里飞舞着，旋转着。

"全世界小朋友的臭袜子都跑我这儿来了！"兵兵想。

一只只袜子横着排列着，搭成了一道天梯，天梯一直延伸到云彩上。

兵兵好奇地踏上了第一道臭袜子台阶，突然，一根鞋带飞到了兵兵面前——咦，这不正是他那双红球鞋上的鞋带

吗？前几天才丢的呢！

鞋带在空中扭出几个大字："前往堆堆镇的天梯！请沿台阶一直往上走。"

堆堆镇？兵兵的好奇劲儿起来了，他沿着臭袜子台阶向上走着，数不清爬了多少级，才爬到云彩顶上。

一道拱形门出现在兵兵面前，上面歪七扭八地写着三个大字——堆堆镇。

兵兵走进拱形门，他被眼前的景象惊

呆了!

　　房屋一个个地堆在一起,底层的房屋已经被压得变形了。这里的房子就像是一个个土豆,挤在一起,堆得高高的,整体外形看起来像埃及的金字塔。无数根长长的鞋带从"金字塔"的顶端垂落下来,很多人正在攀着鞋带,从地上慢慢地往上爬。兵兵拽住一根鞋带,也跟着爬了上去。

　　一个房间的门大开着,兵兵好奇地凑近瞅了瞅,他从来没见过这么乱的房间!衣服乱七八糟地堆在墙角,椅子乱叠在一起,餐桌上堆满了鞋子!看那屋里,怕是只蚂蚁都站不下脚吧。

　　只听"哗啦"一声,一个卷毛脑袋从衣服堆里钻了出来,兵兵吓了一跳,定睛一看,才发现那是个人。

　　"睡了美美的一觉,真舒服!"那人伸了个懒腰,看向兵兵,"进来坐坐?"

　　"不了,不了。"兵兵忙摆手,继续往上爬。

　　这会儿,兵兵有些累了,他想找个饮品店歇歇脚。他看见上方有块招牌——"饮料店",便加快速度爬了上去。

　　饮料店里可真挤呀!倒不是人挤人,是东西挤人。瓶瓶罐罐胡乱地堆满了货架,老板在里面小心地挪动着,生怕碰着那些东西。

　　"来瓶你们的特色饮料。"兵兵对店老板说。

　　"我们的特色饮品叫'碰运气',您可真有眼光。"说着,老板便做起了饮品。

"这饮料的名字可真奇怪啊！"兵兵想。

店老板头也不转，眼也不瞧，从身后"唰唰唰"摸了好几个瓶子，还碰倒了好几个瓶子。他把瓶子里花花绿绿的液体统统倒进一只大玻璃杯里，晃了晃，递给兵兵，说："'碰运气'做好啦！"

兵兵接过饮品，喝了一口。天哪！这里面都是些什么怪东西呀，有胡椒粉、辣椒油、芥末汁……怪不得这饮料叫"碰运气"呀，看来，兵兵恰好碰到了霉运。

"阿嚏——"兵兵打了有史以来最响亮的一个喷嚏。

糟糕！饮料店的瓶瓶罐罐被喷嚏声震得晃呀晃，晃呀晃。终于，一个瓶子没站稳脚跟，掉了下来。

紧接着，所有瓶子都往下掉，货架倒了，饮品店塌了，周边的房子也跟着塌了，"轰隆"一声巨响，整个堆堆镇像一个巨人一般倒下了……

"啊——"

兵兵尖叫着醒了过来，手里紧紧抓着一根鞋带，枕边还有几只臭袜子。他看着脏乱的房间，露出了一抹难为情的神色……

怦然心动整理魔法

一个整洁的环境可以让人的身心得到充分的放松。

近藤麻理惠是日本大名鼎鼎的"收纳女王",她写了一本叫《怦然心动的人生整理魔法》的书,专门教别人收纳整理。

她的"怦然心动整理魔法"很有趣,也很简单:在整理的时候,把所有同类的物品放在一起,一件件拿起,问问自己,它是否带来了快乐。

如果它能带来快乐,你就留下它;反之,就丢掉它。你只要保留那些能给你带来快乐的东西,丢掉那些让你感觉不快乐的东西。

这意味着你可能会扔掉很多东西。近藤麻理惠说,有位客户甚至扔掉了200袋不要的东西。

客户在她的帮助下,不光收拾干净了屋子,心情也变得轻松了。一个整洁的环境可以让人的身心得到充分放松。

亲爱的男孩,动起手来收拾,让自己的房间变得更加整洁吧。收拾完之后,你会发现自己的房间竟然这么宽敞。

我有下面几个小建议:

1. 把袜子和内衣放在收纳格子里,衣服叠成毛巾卷状,方便拿取。

2.为每类物品设置固定位置。东西用完,放回原位。

3.不用的东西可以送人,也可以放在回收站,没有价值的就直接扔掉。

4.多准备几个收纳盒,把零碎的东西放在里面。

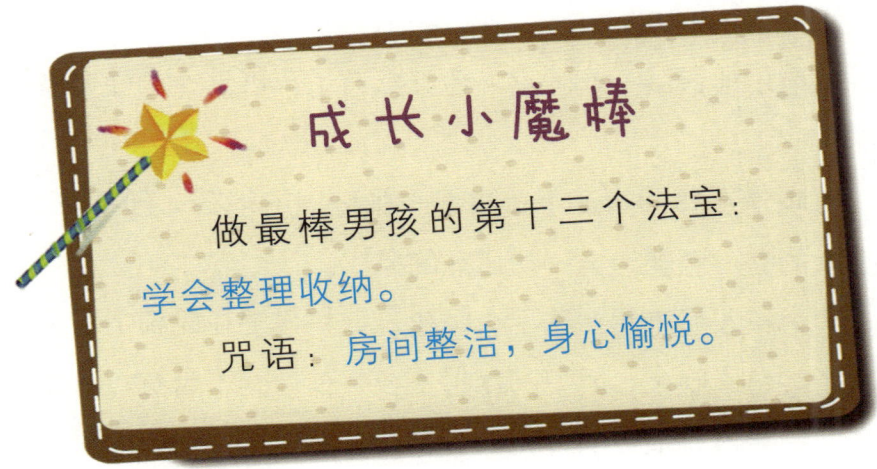

成长小魔棒

做最棒男孩的第十三个法宝:

学会整理收纳。

咒语:房间整洁,身心愉悦。

神奇的果实

天刚蒙蒙亮，东方泛起鱼肚白。

晓晓起床了。他收拾好自己的小背包，悄悄地走出了家门。

晓晓深深地吸了一口气，空气中带着清晨特有的薄荷味，驱散了他最后一丝睡意。他默默道了声再见，心中充满了勇气。

晓晓走在林间小道上，拿出一张破旧的地图，仔细研究。他要找的是一颗能治愈一切病痛的果实。

妈妈不小心把腿摔伤了，医生说，妈妈要在轮椅上度过下半生了。每天晚上，妈妈都疼得整夜整夜地睡不着觉，再也不能去花园照顾她最爱的鲜花。晓晓看在眼里，急在心里。

"妈妈，我一定要找到那颗能治好你腿伤的果实！"

晓晓看着妈妈受伤的腿，心里已经打定了主意。

相传，若朝着太阳升起的方向走，在山的那边，可以找到一条金色的带子，沿着带子找到沉睡的巨人，攀上巨人的肩膀就能找到果实。

晓晓在树林里走了好长时间，也没有找到那条带子。他有点饿了，便打开小背包，拿出妈妈做的面包吃了起来。

面包香味四溢，引来了一只小猴子，它的口水都流到了下巴底下。小猴子趁晓晓不注意，一把抢过面包，蹿到树上逃走了。晓晓急忙去追，不料一截斜着的树根把他绊倒在地，他膝盖青了一大片。

晓晓委屈地红了眼眶。要是妈妈在身边，她肯定会把他抱在怀里安慰。

可妈妈不在，现在并不是哭的时候，以前总是妈妈照顾他，现在，轮到他为妈妈做些什么了。晓晓擦干眼泪，自己包扎好膝盖，继续坚定地往前走。

晓晓穿过树林，走过草地，攀过铁索桥……他走啊走，脚都磨破了，就是找不着金色的带子。晓晓绝望了。

太阳渐渐西斜，照在小溪上，蓦地，原本澄澈见底的小溪变成一条金光闪闪的带子，照得晓晓的眼睛也闪闪发光。

"哇！原来这就是金色的带子！"晓晓恍然大悟。

晓晓沿着小溪，拼命地奔跑着，一直跑到小溪的尽头。一座五十多米高的岩石山沉默地矗立在那里。远远望去，真像一个巨人在低头沉睡！

"巨人的肩膀……就是山顶！"晓晓眼睛一亮。

山顶，有一棵弯弯的百年老树，一颗果实藏在层层树叶中，害羞地露出一张青翠的小脸。

"找到了！"

晓晓挽起袖子，开始攀爬岩壁。可岩壁太陡了，每次，晓晓爬到一半就滑了下来。晓晓不顾碎石划伤的双手，心里只有一个念头：

爬上去！

晓晓艰难地攀爬着，脑海里浮现出了妈妈坐在轮椅上的身影，他多想妈妈能下地走路……晓晓心中顿时充满了一股力量，借着这股力量，晓晓终于爬上了岩壁，从树上成功摘到了果实。

晓晓迈着轻快的步伐往家的方向走去。穿过草地，跑过树林，近了，近了……温暖的灯光中，妈妈坐在窗边焦急地张望着。晓晓跑向妈妈，咧嘴笑着，手里紧紧攥着那颗果实。

他把果实放在妈妈手里。妈妈含泪望着满身伤痕的晓晓，紧紧地抱住了他。

百里负米

我们在一天天长大,父母却在一天天变老,多陪陪他们吧。

孔子有位学生叫子路,子路非常孝敬父母。因为家境贫寒,他总是挖野菜当饭吃。子路觉得自己吃野菜没关系,但年迈的父母不能整天吃野菜啊。

于是,子路便想方设法去买米给父母吃。卖米的地方离家有一百多里,不论刮风下雨,还是严寒酷暑,子路都坚持一步一步地把米背回家。或许有人也能做到一两次,但月月如此,年年如此,就实属不易了。子路做到了。

后来，子路的父母去世了，子路游学到了楚国，楚王看中了他的才华，封他高官，给他厚禄。他每天吃的是山珍海味，出行有数十辆马车跟随，但子路并没有因此感到特别高兴，他望着美味佳肴，感叹道："即使我现在想再吃野菜，再为父母百里背米，又怎能如愿以偿呢？"

亲爱的男孩，我们在一天天长大，父母却在一天天变老，而我们和父母在一起的日子也在一天天减少。现在，放下手里的玩具和漫画，陪爸爸聊聊天，帮妈妈捶捶背，好吗？

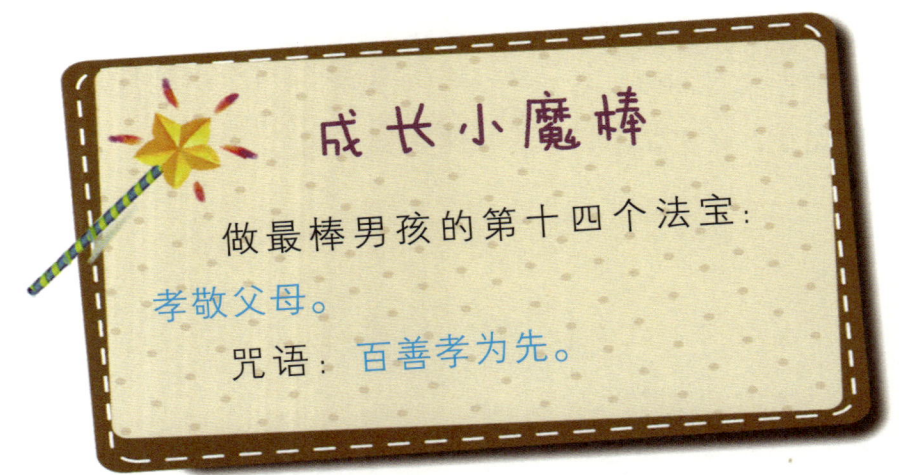

成长小魔棒

做最棒男孩的第十四个法宝：

孝敬父母。

咒语：百善孝为先。

外婆的魔法

假期是孩子们最开心的时候，小明的假期更是多姿多彩。

每当夏日来临时，他就会来到乡下外婆家，迎着树荫下吹来的清风，倾听院子里最美妙的蝉鸣。冬天，等到雪花飘零时，他可以在外婆家的小院里尽情地堆雪人、打雪仗。

外婆家有一条非常干净的小路。那条小路从院门口一直延伸到房门口，外婆每次就在院门口迎接小明的到来。

"外婆，为什么不管秋天落叶，还是冬天下雪，这条小路总是干干净净的呢？"小明问道。

外婆笑了笑说："因为这是外婆施的魔法啊！"

"外婆真厉害！"

小明在这条短短几米的小路上跑啊，跳啊，开心极了。

去外婆家成了小明一年中最期待的事。这不，刚放暑假，他就缠着妈妈，嚷嚷着要去见外婆。

"小明乖，家里的杂事还没做完呢，等妈妈忙完，咱们立刻出发，好吗？"妈妈一边忙着拖地，一边安抚着小明。

小明一听不能马上去外婆家，心里一万个不愿意。他抓着妈妈的拖把,使劲晃来晃去,就是不让妈妈做事。妈妈拿小明没办法,只好带着小明去了外婆家。

一到外婆家的小村子,小明就变成一匹脱了缰绳的野马,一路飞奔。这么多年过去,小山村每年都在发生着变化。有好几次,小明来这里都差点迷了路。

可是,不论别的地方怎么变,外婆家院子里的小路永远都是小明最熟悉的。

"外婆!我来看你啦!"小明看到外婆家的小院,马上跑过去推开了院门,他迫不及待地想看看那条施了魔法的小路。

此时,小明注意到的不是干干净净的小路,而是蹲在地上拔草的外婆。

外婆的年纪大了,耳朵也不是很灵敏,刚刚小明大声叫她,她也没听见。

外婆现在心里想的，就是赶紧在小明来之前，把院里小路上新长的杂草全部拔掉，她完全没有注意到身后的小明。小明的眼睛里噙满了泪水，和外婆鬓角的汗水一样多。

有一株杂草十分顽强，外婆拽了它好几下，都没能把它拽出地里。外婆刚喘了口气，没想到一个小身影突然蹲了下去，一下就把这株杂草拔了出来。

"外婆，我来帮您！"

小明开始像外婆一样拔草，他一边拔，一边流眼泪："原来外婆施展一次魔法这么辛苦啊！"

年迈的外婆看着手上沾满泥巴的小明，嘴里不停地念叨："长大了，小明长大了啊……"

这个暑假，小明过得和以往的暑假都不一样。从前只知道享受的他，现在成了外婆的小帮手。每当外婆想让他休息时，他都摇摇头说："外婆，我不累，我想和你一样，成为一个能施展魔法的人。"

暑假结束，小明告别了外婆，踏上了回家的路。回到家里，小明看着家里的拖把，轻轻地对妈妈说："妈妈，你施展魔法也很辛苦吧……"

妈妈还没来得及回答，小明就抢着说："妈妈你放心，以后家里的魔法我包了！"

他拿起了拖把，开始学着妈妈的样子，施展起了世界上最独特的魔法。

当一天妈妈

为父母分担家务,让他们少些操劳。

"老妈,这不公平!凭什么我要做作业,你什么都不用做!"黄小天气鼓鼓地说。

妈妈说道:"你的衣服、鞋子哪样不是我洗的?"

说着,妈妈顺手从黄小天的床底下找到一双臭袜子:"还有这个!我做的事还比你少吗?"

爸爸说道:"既然小天觉得做妈妈好,那么我们干脆玩一个游戏。你来当一天妈妈,怎么样?"

"同意!"妈妈和黄小天一起说。

游戏开始,黄小天像妈妈一样,先把家里的地拖了一遍,然后洗了全家人的脏衣服。光这两样就把黄小天累得够呛,等到黄小天做好了饭菜,全家人都傻了眼。

"这样的菜能吃吗?"妈妈嫌弃地说。黄小天自己也不好意思了,好好一盘青椒肉丝,硬是让他做成了一盘"黑炭"……

"妈妈,我知道错了,以后我帮你做家务,好吗?我现在知道了,洗衣、做饭一点都不容易。"黄小天低头向妈妈道歉。

妈妈摸了摸小天的头,说:"傻孩子,妈妈为了你,什么辛苦都不怕。来,妈妈给你做好吃的。"

全家人一起在厨房忙活,果然还是妈妈做的饭菜最好吃。

亲爱的男孩,父母的爱是无私的,但他们也需要关怀。爸爸妈妈为你打扫房间,洗衣做饭很辛苦。在爸爸妈妈做家务时,不妨帮帮他们,让他们知道,你已经长大了!

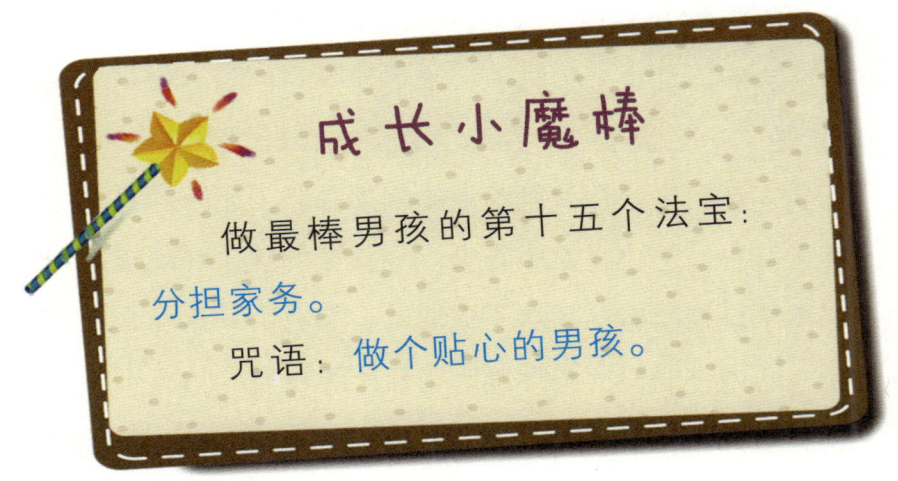

成长小魔棒

做最棒男孩的第十五个法宝:

分担家务。

咒语:做个贴心的男孩。

鹦鹉学舌

有一位叫文竹的书生,他才华横溢,诗词歌赋样样精通。

别看文竹外表挺文雅的,其实他可喜欢讲脏话了。

文竹养了只宝贝鹦鹉,鹦鹉喜欢坐在文竹的肩膀上,文竹去哪儿,鹦鹉就去哪儿。一天,文竹经过朱屠户的猪肉摊,朱屠户正好在泼水,不小心把水溅到了文竹的身上。

朱屠户连忙道歉:"公子,真是不好意思!让我帮您把衣服擦干吧!"

说着,朱屠户便找出一块干净的手帕,要给文竹擦衣服。文竹见状,连忙往后退,大声呵斥道:"快把你的脏手拿开!你这个杀猪的,真是个猪脑子,笨手笨脚的!"

"猪脑子!猪脑子!"鹦鹉学着文竹的语气叫道。

听到这话,朱屠户气得脸上的胡须都竖了起来。

过了几日,文竹在家中看书。隔壁家的孩子在院里练习吹笙,那孩子是初学者,还吹不成曲子。文竹听到这声音,掏了掏耳朵,心中一股怒火腾地蹿起,自然也没有心情看书了。

文竹敲开隔壁家的门,对着院里的孩子破口大骂:"这满院子难听的声音,我还以为你们家进了一只乌鸦呢!你这笙也别练了,改学乌鸦叫吧!"

"乌鸦叫!乌鸦叫!"鹦鹉尖着嗓子叫道。

刚学吹笙,孩子本来就没信心,再加上文竹的嘲讽,那孩子心中觉得很难过,笙也不吹了,坐在地上哭起来。

文竹心满意足地返回自家院子里,打算继续看书。这时,大门被敲响了。

文竹打开门,看见一位面容清秀的少年,身边还跟着一个仆人。少年作了个揖,恭敬地说道:"久闻先生盛名,家中父

亲大寿，特来求诗一首，为父亲贺寿。"

"没看到我在看书吗？你这个烦人精！快走开！我没那闲工夫！"

"烦人精！烦人精！"鹦鹉重复道。

少年非常生气，甩甩袖子赶紧离开了。

一个风和日丽的下午，文竹去城郊赏花。城郊有一片花田，万花竞放，花香飘满了整座城。

文竹走在花田小径上，心情大好。这时，迎面走来了一位美丽的女子。那女子的美，怕是连花都要自惭三分。

文竹邀姑娘一起赏花，二人聊得很开心。言谈之中，文竹发现姑娘和自己志趣相投，很是欣喜。

"赏花有趣，我出一道应景的谜题，姑娘猜猜——一只乌龟掉进河里，打一花卉。"文竹想活跃一下气氛。

姑娘想了想，摇头道："不知。"

"哈哈，谜底是玫瑰！"文竹笑着说道。

这时，鹦鹉在一旁尖声叫道："猪脑子！猪脑子！"

姑娘的脸色有点不对了。文竹见状，连忙转移话题："这良辰美景，恰好适合吟唱。想必你的歌，和你的人一样动人。"

姑娘的脸红了，她清了清嗓子，开始浅浅地吟唱，歌声十分婉转动听。

文竹刚想开口称赞，鹦鹉却先开了口："乌鸦叫！乌鸦叫！"

　　姑娘很生气，板起了脸："为什么借鹦鹉之口取笑我，你很讨厌我吗？"

　　"哦不……是误会……那鹦鹉乱说……"文竹匆忙解释。

　　文竹的话还没说完，鹦鹉又开口了："烦人精！烦人精！"

　　"不管是不是误会，鹦鹉学舌，它学的都是你的话，可见你私下里是什么样的人！"姑娘冷冷地说。

　　姑娘说完这话，头也不回地离开了，只剩文竹傻傻地站在原地。他是应该怪鹦鹉，还是怪自己呢？

五里

言语最能体现一个人的素质。

有一位青年,他来到一座陌生的小镇,想要参观镇上有名的寺庙。

镇子上的小路很多,青年走着走着就迷路了,他不知道自己离寺庙还有多远。

正当他走得筋疲力尽之时,身边走过一个老伯。看老伯的装束,应该是当地人。

青年一把拦住老伯,粗声粗气地问道:"老头儿!问你个事,那个很有名的寺庙在哪里?离这还有多远?"

老伯看了青年一眼,说道:"五里。"

"不远了!太好了!"青年开心地说。

说罢,青年继续赶路,可他走了五里,连寺庙的影子都没有看到。

"那老头儿骗我,不止五里吧……"青年心想。

突然，他愣了一下，才反应过来，老人说的不是"五里"，而是"无礼"。

亲爱的男孩，言语最能体现一个人的素质。如果一个人说话有分寸，注重礼节，他就更容易得到别人的尊重。反之，一个不懂礼节，甚至满口脏话的人，总是招人讨厌的。

我知道，有时遇到一些心烦的事情时，你会说脏话，来排解自己的不良情绪，表达自己的不满。可是，这种方式往往适得其反，会激起别人的愤怒。

下次，当你想说脏话的时候，不妨冷静下来，换一种更加温和、礼貌的语气，这样别人才更能理解你的情绪，问题才能得到有效解决。

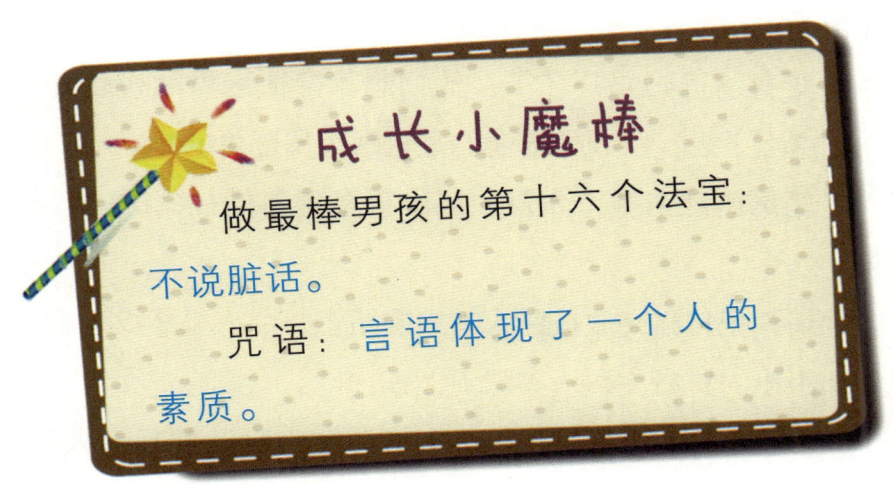

成长小魔棒

做最棒男孩的第十六个法宝：

不说脏话。

咒语：言语体现了一个人的素质。

巨人来了

清晨，露珠挂在树叶上闪着莹莹光芒，鸟儿叽叽喳喳地站在枝头鸣叫，欢欣地迎接森林新的一天。

突然，一声巨响惊飞了枝头上的鸟儿，也惊醒了住在森林深处的小麋鹿一家。

小麋鹿的爸爸妈妈惊慌地从屋里探出身子，看见不远处有一个和梧桐树一样高大的巨人正朝他们的木屋走近。

巨人途经的地方真是一团糟，他把路上的矮灌木和浆果丛都踩倒了。

小麋鹿爸爸妈妈吓坏了，他们想，得把这个巨人赶走才行。再这么下去，巨人会把他们家也踩个稀巴烂的！

麋鹿妈妈翻遍整个木屋，翻出很多年前她捡到的一枚狩猎夹。

她悄悄把狩猎夹放在巨人前进的路上，巨人果然没有看见地上那小小的狩猎夹，一脚踩了上去。

"哎哟！"巨人发出一声惨叫，他的大脚趾肿起个大包。他呜咽着抬起大脚，轻轻地吹了吹。

麋鹿妈妈还以为巨人会因为疼痛，掉转方向离开。哪知道，巨人仍然一瘸一拐地朝着森林深处走去，还踩坏了更多东西，连小麋鹿家种的青菜也"惨遭毒脚"。

麋鹿妈妈看见菜园一片狼藉，心疼得两只鹿角都快揪到了一起。

这时，麋鹿爸爸从柴火房里抱出一堆尖尖的木柴，他决定用自己的办法解决问题。

麋鹿爸爸躲在大树后面，把尖锐的木柴狠狠掷向巨人，凶狠地嚷道："快走！我们的森林不欢迎你！"

说完，他就赶紧跑开了。

木柴把巨人的腿扎出一个个血洞，他不知道

这些木柴是谁掷的,只能愤怒地嘶叫,忍痛把木柴拔了下来。

巨人很生气,用力地跺脚,仿佛这样就能缓解疼痛一般。这一跺,周边的几棵小树都断了,树枝七零八落地砸在小麋鹿家的木屋上。

即便痛成这样,巨人还是不肯离开森林,他到底想要干吗?

此时,小麋鹿还沉浸在香甜的睡梦中,丝毫不知道外面发生了什么。

小麋鹿的爸爸妈妈见一时半会儿赶不走巨人,决定再想想其他办法。他们进屋嘱咐刚睡醒的小麋鹿:"这几天外面不安全,不要在森林里乱跑。"

夜里,银白色的月光透过树叶,洒在森林的地上。巨人不知道去了哪里,整片森林寂静得像一潭水。

小麋鹿像往常一样,到家门口的水池边舀水喝。

突然,他听见不远处的梧桐树后面传来一阵可怜的呜咽声。小麋鹿把爸爸妈妈的嘱咐抛到了脑后,好奇地朝那儿走去。

只见巨人坐在梧桐树下,正在用树叶包扎腿上的伤口。

小麋鹿吓了一跳,立马准备逃跑。可当他注意到巨人的眼里噙着的泪水时,他突然有点儿同情巨人。他虽然害怕,但还是壮着胆子关心地问道:"你怎么了?"

寂静的夜里,小麋鹿的声音显得格外清脆。

巨人这才发现树下站着一只小麋鹿,他感受到了小麋鹿的善意，轻声说道："前些天，我误食一枚奇怪的果子晕了过去，醒来就变成了巨人。听说这座森林里有一种白雾果，可以让我恢复原样。没想到我刚到这里就弄得身上伤痕累累……"

小麋鹿知道白雾果，那是森林里最古老的那棵大树结出的果实，他立马跑去摘来送给巨人。

巨人吃下白雾果，果真迅速缩小，最后缩成了一个小矮人。原来，巨人是住在东边森林里的小矮人。

小矮人感激地拥抱了小麋鹿，离开这片森林回家去了。

小麋鹿回家时，爸爸妈妈在家急得团团转，看见小麋鹿，他们急切地问道："你去哪里了？我们还以为你遇见了可恶的巨人呢。"

小麋鹿眨眨眼，清脆地答道："什么可恶的巨人？我只是遇见了一个可怜的巨人呀，而且，他其实是个小矮人。"

树仙的药

暴力解决不了任何问题。

一对河马夫妇常常闹矛盾,他们每天都因为一些鸡毛蒜皮的小事大打出手。

慢慢地,母河马心里积攒了满满的怨气。她找到住在森林深处的树仙,告诉树仙自己的处境。

树仙给了母河马一袋药草,说:"这是一种慢性沉睡药,你每天放一点点在你丈夫的食物里。为了避免他怀疑你,你必须对丈夫十分温柔。"

一个月过去了,母河马每天都把掺有沉睡药的饭菜给丈夫吃。她谨记树仙的话,时刻控制自己的脾气,一次都没有和丈夫打斗过。

公河马变得比以前和善多了,对母河马很体贴。他们似乎又感受到了对方的爱。

这天,母河马心急地来找树仙:"请给我沉睡药的解药吧,我和丈夫已经不再打斗,我不希望他陷入沉睡。"

树仙微笑道:"放心吧,我给你的不是什么沉睡药,只是一些补药罢了。你温和的态度,才是真正解决矛盾的良药呀!"

暴力无法解决问题,甚至会激化矛盾。以暴制暴只会使矛盾升级,最后造成两败俱伤,沟通和爱才是解决问题的良方。亲爱的男孩,请记住,在遇到矛盾时,温和的态度永远比粗暴的方式更胜一筹。

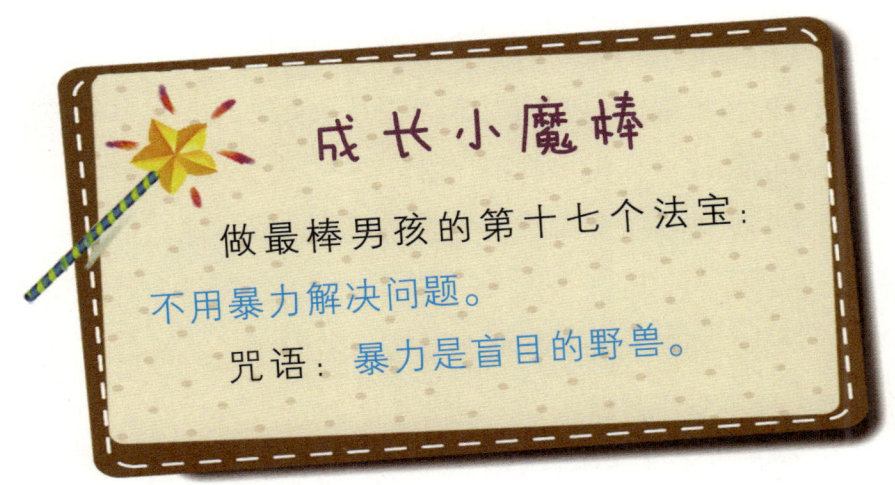

成长小魔棒

做最棒男孩的第十七个法宝:

不用暴力解决问题。

咒语:暴力是盲目的野兽。

敢不敢比一场

小鹿蹦蹦的口头禅是"敢不敢比一场"。

他特别喜欢找其他动物一决高下。他找斑马比赛谁跑得快,找袋鼠比赛谁跳得高。最倒霉的要数小野驴了,蹦蹦没事就来找他比一比,算下来,他俩足足有过十几场比赛呢。

这些比赛都以蹦蹦的胜利告终,这让蹦蹦有了"比赛瘾",他见谁就说:"敢不敢比一场?"

其实,那些动物并不是赢不了蹦蹦,只不过,如果他们赢了,蹦蹦会一直缠着他们比下去,直到他们受不了认输为止。动物们有好多事要做,要晒太阳,要寻找食物,要学习各种技能……哪像蹦蹦这样闲得没事干呀。

动物们只要看见蹦蹦,马上就会远远地躲开他,谁受得了他呢?

一大早,蹦蹦又在森林里到处溜达找对手,不远处有个身影,嘿,那不是小野驴吗?

"小野驴,敢不敢比一场?"蹦蹦兴致勃勃地说。

"不要,我们都比了那么多场了,再比下去有什么意义呢?"小野驴心中直呼倒霉,本来他想在森林里悠闲地散步,可现在碰到蹦蹦,什么好心情都没了。

"来嘛来嘛,比一场吧!"蹦蹦缠着小野驴。

小野驴灵机一动,说道:"蹦蹦,你为什么不去找老鹿比一比?老鹿可是森林里的'第一高手'呢!假如你赢了老鹿,那'第一高手'的名头就归你啦!"

蹦蹦一听,觉得非常有道理,他马上跑到老鹿家。老鹿正在呼呼大睡,蹦蹦一声大叫吵醒了他。

"敢不敢比一场?"

老鹿睁眼一看,咦,原来是小鹿蹦蹦要找他比赛。

老鹿二话不说就答应了,他们一路你追我赶,看谁能先绕森林一圈。老鹿本来以为自己一定能赢,哪想这么多年过去,自己的身体早已大不如前,不一会儿就累得气喘吁吁。

这次比赛蹦蹦又赢得了胜利。

"哈哈,我现在是森林里的'第一高手'喽!"战胜老鹿,蹦蹦的心情好极了。

这时,草丛里出现了一个身影。"汪汪!"一条大狼狗蹿了出来。蹦蹦一眼就认出来,这是猎人饲养的猎犬。

"小鹿蹦蹦，听说你很厉害，敢跟我比一场吗？"猎犬高高地仰着脖子，眼神里充满了自信。

蹦蹦跟那么多动物比赛过，还没怕过谁呢！

蹦蹦和猎犬约定，谁先跑到大树下，谁就是赢家。一二三，开始！蹦蹦和猎犬同一时间迈开步子，一起向终点奔去。

猎犬跟蹦蹦的速度不相上下，快要到达终点时，猎犬突然停下了脚步，只有蹦蹦还在向终点冲刺。

"胜利就在眼前，我要赢啦！"蹦蹦心里想着，却不料刚到大树下就被一张大网网住了。

躲在大树后面的猎人立马把蹦蹦关进了笼子，原来，这场比赛是一个陷阱。

蹦蹦赢了所有的比赛，却在最后一场比赛中输掉了一切。

好斗的"冤家"

不要让争强好胜的心态扰乱平和的心境。

北冰洋住着一只北极熊和鲸鱼。他俩都特别好斗，总想争个高下。

一天，北极熊向鲸鱼发起挑战，要来一场一决高下的跑步赛。可想而知，北极熊轻松取得了胜利，而鲸鱼还费劲地在原地扑腾呢。

北极熊神气地宣布："哈，我比你厉害！"

"不公平，我们再比一场游泳赛！"鲸鱼不服气。

这一回，鲸鱼在海洋里表演各种花式游泳，很快到达终点。北极熊呢？才游了半程，他就趴在一个大冰块上气喘吁吁了。

他俩都不愿意服输，便又想了一个主意。

鲸鱼有一艘小船，他想：北极熊看见这艘船，一定觉得我特厉害！

北极熊捡到过一台电脑，他想：鲸鱼一定不认识这么高科技的玩意儿。

次日，他们就带着宝贝向对方吹嘘。鲸鱼说："我的小船划起来特快!"

北极熊哼气,说:"我的电脑能查询全世界的资料!你的小船行吗?"

鲸鱼回答:"当然行!"说着,他就像敲打键盘一样用力地敲打小船。结果,他把小船敲裂了,逗得北极熊哈哈大笑。

"哼,你那电脑能载客渡河吗?"鲸鱼气呼呼地问。

北极熊逞能地点头,然后坐着电脑跳进水里。只听"啪"的一声,电脑冒出一缕烟,坏了。

看着自己的宝贝都变成了废物,他们后悔莫及。

亲爱的男孩,过于争强好胜的人往往会落得不幸的下场。生活中,我们应该保持一颗平和的心,做好自己该做的事,无须刻意与人比较,为无意义的争斗而浪费时间。记住,沉稳的心态才能更好地成就自己。

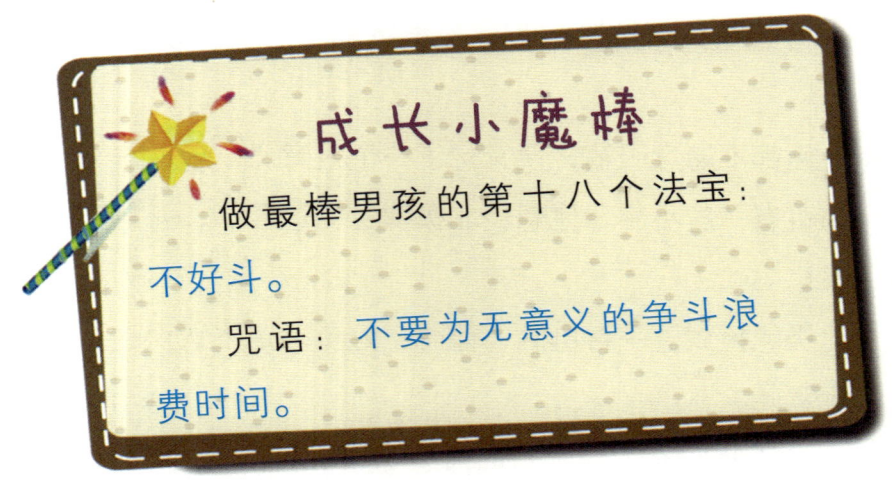

成长小魔棒

做最棒男孩的第十八个法宝:

不好斗。

咒语:不要为无意义的争斗浪费时间。

彩虹房子找朋友

在美丽的彩虹上,有一栋彩虹房子,彩虹房子已经在彩虹上住了好几千年。他每天独个儿玩耍,孤单的滋味真是太难受了,他多么想交个好朋友呀。

最近绿野森林里总是下雨,雨后的天空上挂着一道美丽的彩虹。绿野森林里,小鸟叽叽喳喳的,小松鼠在森林里蹿来蹿去,小蘑菇探出了头……好不热闹!

彩虹房子做了个决定——他要搬到绿野森林里去。

彩虹房子自信满满地想:我会很快交上好朋友的!

很快,彩虹房子和鸭妈妈成了朋友。鸭妈妈每天都在附近的草丛中散步。路过彩虹房子时,她总要跟他打招呼:"嘿,漂亮朋友!"偶尔,她还会和他聊一些家常。

这天,鸭妈妈带着小宝宝们刚从河里游泳回来,全身湿漉漉的。他们觉得累极了,想找个地方歇歇脚,走着走着,就到了彩虹房子门前。

彩虹房子热情地为他们开门,鸭妈妈和小宝宝们摇晃着胖乎乎的身体踏进房子,他们身上挂着的小水滴落了下来,在彩虹房子的地板上留下一行水渍。

彩虹房子看着那一条条小蛇般的水渍,全身都起了鸡皮疙瘩。他不满地对鸭妈妈说:"我让你们参观房子,可没允许你们搞破坏,瞧瞧,你们都快把我的地板毁了!"

鸭妈妈赶紧用羽毛把水渍抹干了,可是彩虹房子还在那儿唠叨,鸭妈妈只好悻悻地带着小宝宝们离开了。

彩虹房子和白鸽成了朋友。白鸽每天都会飞出绿野森林,在附近的一小块玉米地上觅食。回来的途中,他总要在彩虹房子那水晶般的屋顶上歇歇脚,欣赏美丽的风景,跟彩虹房子聊聊路上的趣事。

最近,白鸽做了爸爸。他每次从玉米地回来时,身上还带着一个小包裹,那是他给孩子准备的食物。当他从天空飞落到房顶上,玉米粒总会从包裹里漏出来几颗。为了避免浪费,白鸽会用尖尖的嘴把它们吃掉。

彩虹房子不乐意了,他觉得玉米粒脏兮兮的,更恶心的是,白鸽还用嘴啄他。他气呼呼地对白鸽说:"你不要再用尖嘴戳我的屋顶了,真是太恶心了!"

白鸽说了好多句"抱歉",可是彩虹房子还在一直数落他。

白鸽再也听不下去,赶紧扇扇翅膀飞走了。从此,他再也没有在彩虹房顶上歇过脚。

后来,彩虹房子和彩虹花成了朋友。彩虹花觉得自己和彩虹房子最相衬,因为他们有着相似的外表,两个人一定会聊得来。于是,一天夜里,她把花枝悄悄地伸向了彩虹房子的窗户,整个儿挂在了窗沿上。

"你真是个小可爱!"第二天,彩虹房子发现了彩虹花。彩虹花又美又香,彩虹房子整个儿都沉浸在一片花香里,陶醉极了。

可是,彩虹花浓郁的香味很快引来了小蜜蜂。

"嗡嗡嗡","嗡嗡嗡",这声音真刺耳,彩虹房子终于忍不住了:"真扫兴,真扫兴!"

彩虹花听了,心里真不是滋味儿,她收起了花朵,带着花枝离开了这里。

后来的后来,彩虹房子还跟小蜗牛、花蝴蝶、风铃草……成了朋友,可彩虹房子总是为一点小事生朋友们的气。渐渐地,大家都不喜欢跟他玩了。他虽然住在热热闹闹的绿野森林里,却跟之前住在彩虹上一样,还是那么孤单。

皇帝的谅解

心不是靠武力征服，而是靠爱和宽容大度征服。

皇帝听说清水县发了大水，决定去那儿微服私访，体察民情。

皇帝带了个贴身护卫出了宫。当他们经过一片树林时，竟然迷路了。这时，皇帝看到路边有个歇脚的中年男子，便上前问道："请问这位公子，去清水县该往哪个方向走？"

中年男子眼也不抬，没好气地说道："没看见我在喝水吗？"

过了一会儿，皇帝又问："请问公子，去清水县往哪边走？"

中年男子这才粗鲁地指了指东边说："那边！"

颠簸了一路，三天之后，皇帝才到了清水县。他走遍了清水县的大街小巷，又私访了很多户人家，这才来到了清水县衙，打算与县令商讨救灾事宜。可没想到，和县令一同出来迎接他们的师爷竟然是那天为皇帝指路的中年男子。

师爷看到皇帝，记起了问路一事，马上向皇帝跪地求饶，求他原谅自己的冒犯。不想，皇帝却微笑着说："没事没事，我还要感谢你，多亏你指明方向，我才能尽快赶到这里！"

师爷很感动,非常积极地配合县令,很快便商定救灾对策。不到一个月,百姓们都被安顿得妥妥帖帖。

在生活中,我们总会和各种各样的人打交道,这中间的有些人会让你不太舒服。有时,有人会冷不丁地打断你的谈话;有时,有人会在不经意间踩了你一脚……但这都是些小事。

亲爱的男孩,请记住,每个人的生活方式、习惯、脾气等都不一样,不管你是否喜欢,在相处时,请以宽容的心态去接纳别人,千万别斤斤计较,抓着别人的一点小事挑刺儿。宽容大度的你,一定会有越来越多的朋友。

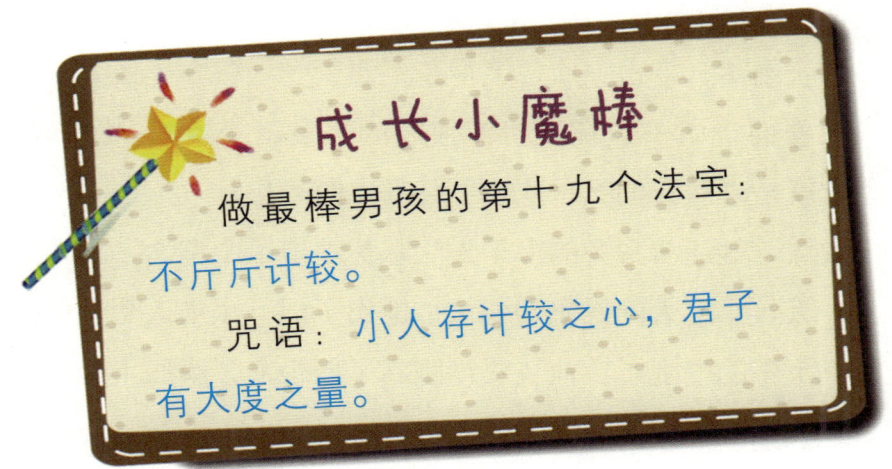

成长小魔棒

做最棒男孩的第十九个法宝:不斤斤计较。

咒语:小人存计较之心,君子有大度之量。

橱柜来了新住户

橱柜里住着水果家族和蔬菜家族。

今天,小主人带回来了很多新住户,他们是有名的"零食家族"。

水果阿姨和蔬菜先生心里急得像火烧一样,零食家族在食物界可是捣蛋鬼,小主人千万不能吃太多呀……

"等小主人来了,我一定要好好劝劝他!"水果阿姨说。

话音刚落,零食家族便笑得东倒西歪。

方便面小姐一边梳理着波浪卷的头发,一边说:"可是,小主人就是喜欢我们呀!他才不会听你的呢!"

说罢,她还与身旁的可乐先生默契地击了个掌。

一天,小主人的妈妈匆匆忙忙地出了门。小主人想,他又能看一下午的电视了。他飞快地跑到了橱柜前,脚底下像踩了两只风火轮。

水果阿姨一家手牵着手,迎接小主人的到来。小主人最喜欢边吃水果边看动画片了。

可是,这一次,小主人却带走了饼干哥哥、糖果妹妹和薯片弟弟……他们都是零食家族的人呀!

水果阿姨失望地垂下头,在一旁默默抽泣,哽咽道:"小主人怎么带走了他们,他们对健康一点儿都不好呀……"

家中的老式挂钟"嘀嗒"地响着,晚餐时间快到了。

小主人的肚子"咕咕"地叫,小主人便打开橱柜的门,偷偷地带走了蛋糕宝宝。

蔬菜先生多想告诉小主人:"快吃晚饭了,别再吃零食啦!"

然而,小主人"嘭"的一声,把橱柜门关上了。蔬菜先生只好无奈地叹了口气。

晚餐时,餐桌上有小主人妈妈做好的西红柿炒蛋和蔬菜饼。

小主人没扒几口饭,便放下了筷子。哎呀,刚吃了蛋糕,他当然吃不下饭了。

橱柜里的蔬菜先生看在眼里,急在心里。

转眼间,一个月过去了。

橱柜里的蔬菜家族和水果家族都失去了小主人的宠爱。他们的表皮丧失了往日的光泽,干巴巴地倚靠在橱柜的角落里。而零食家族热热闹闹的,每天都有新成员加入……

这天,小主人又来了。他发胖了,脸上肉嘟嘟的,身材胖鼓鼓的。他肯定是吃了太多零食,才变成这样。

这次,他带走了方便面小姐。没一会儿,香喷喷的味道扑面而来,餐厅里弥漫着方便面的香味。小主人在餐桌前狼吞虎咽,嘴里还赞不绝口:"真是太好吃啦!"

他觉得吃得不过瘾,好像还少了些什么!来罐可乐吧!

小主人打开橱柜门,橱柜里不知什么时候溜进了一只胖胖的小怪物。这小怪物真奇怪,长着老鼠的身子,却顶着猪的脑袋,分明是一只"猪鼠"!

"猪鼠"见小主人来了,急忙往橱柜外面跑,想钻进墙角的老鼠洞。结果,他圆滚滚的身子卡在了洞口。他使劲地蹭啊蹭,挪啊挪,终于把自己挤进洞里。

小主人见状,笑得

前俯后仰，这真是一只"肥猪鼠"！

"猪鼠"从洞中探出脑袋，盯着小主人，不屑地说："你可别笑我，快自己照照镜子吧！"说罢，他指了指橱柜上的玻璃镜。

小主人顺势看了过去，被玻璃镜里自己的样子吓了一跳。

镜子里，他的脸变得又圆又大，眼睛被肉挤成了一条缝，看上去真像一头小胖猪。

小主人不敢想象自己变得更胖的样子，他放声大叫道："我再也不吃那么多零食了！"

从此以后，小主人再也不敢吃那么多零食，橱柜里的新住户终于不再那么受欢迎了。

成长点金术

大号的我

三餐不合理，健康远离你。

美国导演摩根·史柏路克曾经拍过一个纪录片——《大号的我》。

摩根把自己当作"小白鼠"，进行了一个实验：连续30天，三餐只吃"麦当劳"。

这对于爱吃薯条、汉堡等快餐的人来说，简直就是"福利"。

实验进行到第三天，摩根已经吃不下了，看见快餐就恶心呕吐。然而，摩根没有因此放弃纪录片的拍摄。

30天的实验终于结束了。摩根的身体状况发生了巨大的变化，以前堪比运动员的体质不复存在，他现在就是一个体质极差的"病秧子"！医生检查后说，如果摩根再继续这种饮食方式，将引发各种疾病。

原来，在这些美味的快餐背后，还偷偷藏着一个"坏蛋"——氢化油。

氢化油的保质期很长，口味很香，成本很低，存在于很多零食小吃中。但是，它含有反式脂肪酸，吃太多是会危害身体健康的。

亲爱的男孩,零食固然好吃,但是它们对你的身体并没有什么好处。吃了太多的零食后,你就吃不下正餐了。要知道,你正处在长身体的时期,合理饮食才能让你茁壮成长。

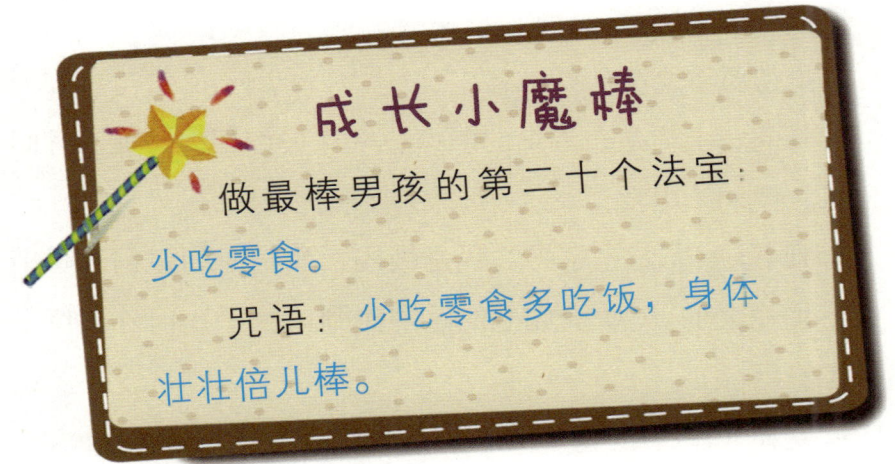

成长小魔棒

做最棒男孩的第二十个法宝:少吃零食。

咒语:少吃零食多吃饭,身体壮壮倍儿棒。

深夜访客

壁虎夫妇今晚要参加一个晚会。他们精心准备了一个下午，打扮得漂漂亮亮的，准备出门啦。

门外的树上传来布谷鸟的叫声，壁虎夫妇相视一笑。时间不早了，他们该出发了。

"请问壁虎夫妇在家吗？我是蜥蜴，我是来和你们一起结伴去参加晚会的。"壁虎先生的手刚碰到门把手，门外就传来了蜥蜴的声音。

壁虎夫人说："你赶紧开门吧，可别让人家等太久。"

壁虎夫妇和蜥蜴是多年的好朋友了，他们两家经常串门。

"咦，不对啊！"

壁虎先生把已经握在门把手上的手收了回来，他疑惑地看着壁虎夫人。

"蜥蜴这家伙什么时候这么客套了？以前他来的时候，可都是直接大大咧咧地叫我出去的啊……"

壁虎夫人皱起了眉头，她觉得是自己的丈夫多虑了。

门外的蜥蜴仿佛等得有些不耐烦了，他大叫道："开门啊！

我是货真价实的蜥蜴，我不会骗你们的！"

壁虎先生听了觉得更不对劲了，壁虎夫人打开了门上的小洞，她凑上去一看，门外可不就是熟悉的蜥蜴嘛。看他那套绿色礼服，壁虎夫妇上次还见他穿过呢。

"这下你放心了吧，还不开门，晚会要迟到了。"壁虎夫人说道。

壁虎先生思量再三，示意壁虎夫人保持安静。他透过门洞向外看了看站在门外的蜥蜴，怎么都觉得有问题，便打算先试探一下。

"咦，蜥蜴，你的尾巴缩在背后干吗？"

见壁虎先生仍然存有疑惑，蜥蜴伸长了尾巴，摇了摇。

壁虎夫妇被那条尾巴吓了一跳。那哪是蜥蜴的尾巴，瞧那尾巴上的花纹，分明是蟒蛇的尾巴！

他俩来到窗户旁，微微地拉开一丝窗帘，这下他们都看清楚了。蟒蛇咬着蜥蜴的尾巴，躲在蜥蜴的背后，万一壁虎夫妇开了门，等待他们的就是蟒蛇的血盆大嘴啊！

幸好壁虎先生足够小心谨慎，现在，他们要思考一下对策，想办法救出蜥蜴。

蜥蜴在门外可真是心惊胆战，他可不想自己的好朋友壁虎夫妇被蟒蛇抓住，但是迫于蟒蛇的威胁，他又不得不听蟒蛇的命令。现在，他只希望壁虎夫妇能明白自己的提示，察觉到危险，不要开门……

"好，我们这就给你开门，蜥蜴，你走近一些。"门内传来壁虎先生的声音。蟒蛇立即要求蜥蜴照做，他已经等得太久，等到门一开，他就要吃掉壁虎夫妇！

"嘎吱"一声，门开了。

蟒蛇瞬间就松开了蜥蜴的尾巴，现在他的目标是门内的壁虎夫妇。

蟒蛇对着壁虎先生张嘴一咬，感觉有些不对劲。等他把嘴里的东西吐出来才发现，原来自己咬中的只是壁虎先生的断尾。壁虎夫人趁蟒蛇愣神的工夫，把蜥蜴一下子拉进了门里面。

"咚"的一声门又关上了，蟒蛇蓄谋已久的计划泡汤了。

蟒蛇可不会善罢甘休，他想守在壁虎夫妇家门口，跟他们耗着。哈哈，可他最后等来的是森林警卫队！

飞鹰速成班

世界上有光明也有黑暗,面对黑暗,我们要学会保护自己。

雏鹰学校附近出现了一只戴着墨镜的秃鹫,他拿着"飞鹰速成班"的传单,分发给正在学飞行的鹰宝宝们。

小鹰最近正为飞行测试没通过而苦恼呢,秃鹫找上了他:"小家伙,想学好飞行吗?来飞鹰速成班吧!"

小鹰很感兴趣,但他只是一只鹰宝宝,手上可没多少钱。

秃鹫仿佛看出了他的心事,立马拍胸脯说可以试学,不用交费的。说完,秃鹫不等小鹰说什么,直接叫来了同伴,立刻就要带小鹰去学习飞行。

"可现在已经很晚了啊!"小鹰察觉到有些不对劲,可他没那两只秃鹫力气大,被他们硬生生地带走了。

小鹰留了个心眼,一路留下自己的羽毛做标记。

他们来到了一间小黑屋,小鹰发现好多和他一样大的雏鹰也被关在这里。小鹰心里一颤,明白这两个家伙不是好人!

秃鹫露出了凶残的面目,打算卖掉这些可怜的鹰宝宝。

这时,屋外突然冲进来一群雕警察,他们瞬间就制伏了那两个坏蛋,把雏鹰们都解救出来。

雕警察叔叔夸奖小鹰聪明,正是小鹰留了个心眼,在路上做了标记,警察才能找到失踪的鹰宝宝们。

亲爱的男孩,总有一些坏人想要做坏事。当坏人伸出邪恶的魔爪时,你一定要学会保护自己,就像故事中的壁虎先生和小鹰一样,时时保持警惕,凡事多留个心眼。

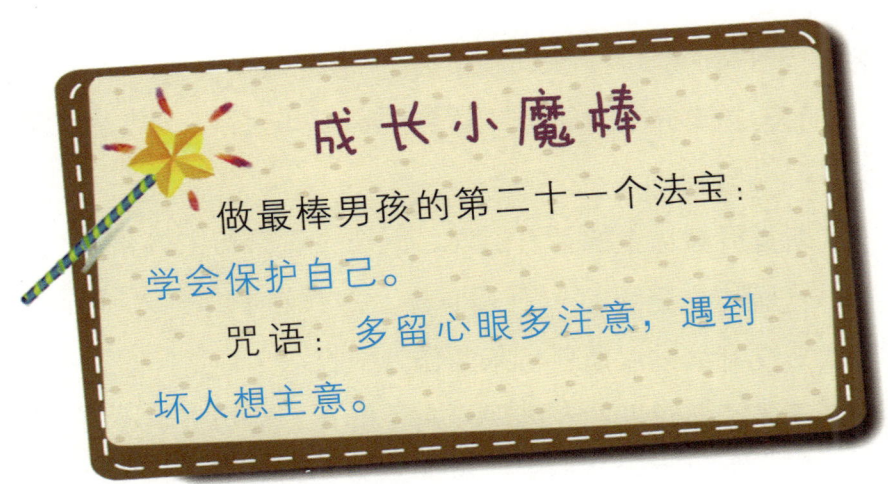

成长小魔棒

做最棒男孩的第二十一个法宝:学会保护自己。

咒语:多留心眼多注意,遇到坏人想主意。

汉斯和磨坊主

有个叫汉斯的小伙子,他有一座美丽的花园。

春天,花园里的樱草竞相绽放,开出许多金黄色的小花。在阳光的照耀下,汉斯的花园就像铺上了一条金色的地毯。

花园里的鲜花是汉斯的收入来源,他会采下鲜花,拿到集市上卖,一年的口粮就靠这些鲜花了。

汉斯的心肠很好,有很多朋友,富有的磨坊主就是其中一个。每次,磨坊主路过汉斯的花园时,都会顺手摘一大把鲜花。

"朋友应该分享一切。"磨坊主一边说着,一边大把摘着花。

汉斯觉得磨坊主的话有道理,就任由着磨坊主摘花。

尽管磨坊主家里有一百袋面粉、六头奶牛和一大群绵羊,但他从来没有给过汉斯任何东西作为回报。

冬天来了,汉斯的花园里没有了鲜花,磨坊主也不再去拜访汉斯,汉斯觉得孤单极了。汉斯花光了积蓄,几乎没有食物了,只能啃些干梨和核桃,寒冷和饥饿让他整个人都变得无精打采的。

而磨坊主呢，他正坐在舒适的沙发椅上喝着啤酒呢，旁边还燃着一炉暖和的柴火。

"汉斯叔叔正在挨饿受冻，我们要不要邀请他来家里住一段时间？"磨坊主的小儿子问道。

"不需要，"磨坊主喝了一口啤酒，漫不经心地说道，"汉斯应该学会自己面对困难，我们不该在这个时候打扰他。等到春天，他花园里的樱草开花时，我们再去拜访他。"

磨坊主的小儿子似懂非懂地点了点头。

春天又到了，汉斯花园里的樱草又开出了美丽的花。

磨坊主来拜访汉斯了，他手提一个大篮子，对着汉斯大声说道："朋友，冬天过得还好吗？"

"嗯……不是太好。我卖掉了小推车才换了些口粮，勉强撑过这个冬天。"汉斯回答道。

"哦，真是不幸！我愿意把我的小推车送给你，虽然它有点旧，掉了一边，轮子还有点毛病，可是修修就能用啦。"

"你真是我的好朋友!我有一块好木板,可以修好小推车。"汉斯感激地说道。

听到汉斯有块好木板,磨坊主的眼睛亮了,他装作伤心地说道:"我的仓库房顶有个大洞,如果我不堵住它,雨就会淋湿麦子。我已经要把小推车给你了,你把木板给我吧。好朋友应该互相帮助。"

"当然!"汉斯爽快地答应了。

"对了,你的樱草真漂亮,可以送我一篮吗?记住,要装满哦。"磨坊主把手中的大篮子递给汉斯。

磨坊主的篮子真大啊!汉斯把花园里的樱草都摘光了,才装满磨坊主的大篮子。汉斯没有花去集市上卖了,他看着空空的花园,为生计发愁。

一个狂风呼啸的夜晚,磨坊主敲响了汉斯的门,手里提着一盏崭新的马灯。

"朋友,我有大麻烦了!我的小儿子摔伤了,要立刻请医生!我想到你是我最好的朋友,所以请你来帮忙。别忘了,我要给你一辆小推车!"

"我当然会帮你,"汉斯看了看屋外的恶劣天气,接着说道,"不过,你的马灯得借我用一下,外面有可怕的风暴,天又那么黑,我怕自己跌到水坑里。"

"不行!这可是我新买的灯,你弄坏了怎么办?"磨坊主拒绝道。

"好吧，不用灯也行。"汉斯围了条围巾就出发了。

狂风怒吼着，汉斯走在漆黑的夜色里，好几次险些摔倒。汉斯找到了医生，医生骑着马，提着马灯，赶往磨坊主家。汉斯在后头慢慢地走着。狂风越来越猛烈，还下起了瓢泼大雨，雨水盖住了路面。

汉斯迷路了，走到了一片沼泽地里。沼泽地里到处都是危险的、深深的水坑，汉斯失足掉进了水坑，他大声呼救着，可狂风盖住了他的声音。

汉斯就这样淹死了，到死也没有拿到磨坊主许诺给他的小推车。

狗熊的忠告

> 正如真金要在烈火中识别一样，友谊必须在逆境里经受考验。
>
> ——〔古罗马〕奥维德

在一个小山村里，有两个玩得很好的年轻人，他们总是形影不离，是很要好的朋友。

有一天，天气不错，他们打算一起去森林打猎。他们正走在路上，一只凶猛的狗熊突然从路边的灌木丛里蹿出来，它张开血盆大口，向两个年轻人扑来。

一个人立马丢下了他的朋友，自个儿爬上了树。另一个人不会爬树，情急之中，他想到了一个冒险的办法——躺在地上装死。

狗熊在装死的人身边转悠了几圈，嗅了嗅，觉得没趣，便走开了。装死的人侥幸逃过了一劫。

这时，爬上树的年轻人从树上跳了下来。

"你知道狗熊刚才在我耳边说了什么吗？"装死的人问他的朋友。

"说了什么？"

"它说，以后千万别交不能共患难的朋友。"

亲爱的男孩，你在结交朋友时，一定要擦亮双眼——自私自利的朋友不可交，有不良嗜好的朋友不可交，不守信的朋友不可交……总之，结交朋友时，要考虑的第一要素是品德，多交品德高尚的朋友，你也会变成更好的人。

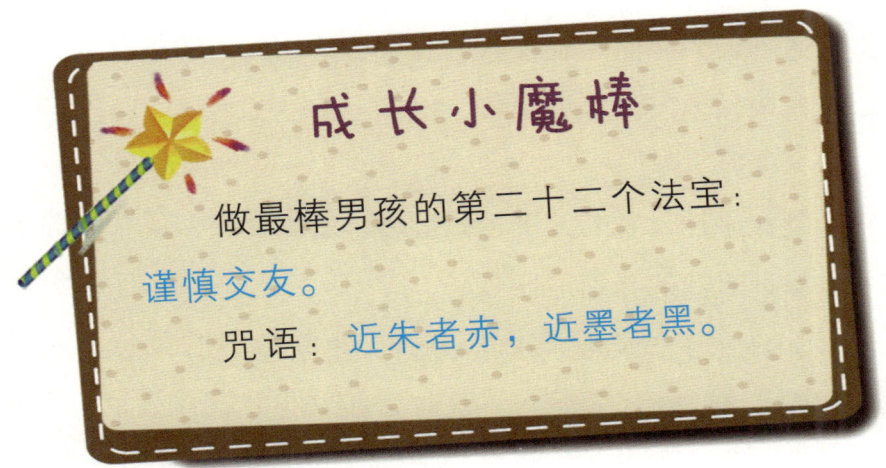

成长小魔棒

做最棒男孩的第二十二个法宝：

谨慎交友。

咒语：近朱者赤，近墨者黑。

开心水

大科学家狄拉在瓜瓜城有一家云朵工厂,工厂里生产的可不是普通的云朵,而是五颜六色的果汁云朵,比如草莓云、苹果云、葡萄云……

云朵工厂里有很多大玻璃罐,里面装着各类水果,这些水果是制作果汁云朵的关键,狄拉每天清晨都更换最新鲜的水果,以保证果汁的味道最佳。

假如你买了一张草莓云朵券,一朵红彤彤的草莓云就会飘到你的头上,洒下草莓汁。这时,你只要仰着脖子,张开嘴巴,就可以喝到甜丝丝的草莓汁了。

狄拉心情好的时候,会请瓜瓜城的居民免费喝果汁。

每到这个时候,天空就飘满了果汁云朵,红的、黄的、蓝的、紫的……从地面往上看,云朵挤在一起,笼罩着大地,仿佛给大地撑了一把巨大的花伞。

哗啦啦,云朵下起了果汁雨。大家嬉闹着,欢笑着,喝足了云朵下的果汁,真开心哪!

狄拉要去外地参加饮品研讨会,便让侄子阿瑟暂管工厂。

阿瑟按照叔叔的嘱咐，每天更换新鲜水果。他唯独没注意到角落里还有一个装着葡萄的玻璃罐。自阿瑟接管云朵工厂后，那罐葡萄一直没有被更换过。

有位顾客喝着葡萄云朵果汁，觉得果汁味道和先前有些不一样。这果汁里新出现了一股奇特的香气，那醉人的味道能让他忘掉不开心的事，他像做美梦一样快乐，陶醉其中。

一时间，好多人抢着买葡萄云朵券。他们把这种紫色的云

朵称为"醉醉云"。

阿瑟找到葡萄罐，闻着罐中醉人的香味，他嗅到了商机。

他给这种带有奇特香气的葡萄果汁起了一个好听的名字——开心水。

随着时间的推移，"开心水"的香气越来越浓郁。越来越多的人迷上了"开心水"，整天喝个不停。云朵工厂的果汁生意空前火爆。

看着生意这么好，阿瑟开心极了，举办了一个"开心水大酬宾"活动。

这一天，瓜瓜城的上空飘满了醉醉云，整片天空都是紫色的。"醉醉云"到处挥洒着"开心水"，大家仰起脖子，痛快地喝了起来。

所有人都觉得自己像在梦中一样，身体飘飘然的。

看，一个交警喝了不少"开心水"，竟然挥舞着指挥棒，在交通指挥台上跳起舞来。他使劲儿扭着屁股，夸张地大笑着，也不管交通了。路上的车辆首尾相接，交通严重瘫痪。

再瞧瞧广场那边，市长正在广场上演讲呢，他也喝了好多"开心水"，竟然大声唱起了广场舞的歌曲。台下更是乱成一团，大家横七竖八地倒成一片，就像码头上摞着的一个个麻袋。

就连奶牛场的奶牛们也变得很奇怪，它们喝了"开心水"后，把奶桶全踢翻了，一个个撒着蹄子从牛棚里冲了出来，见到穿红衣服的人就撞……

一切都变得不正常起来,所有人和动物都举止异常、疯疯癫癫的。阿瑟立刻召回了"醉醉云",他没想到,过度饮用"开心水",对人的影响居然这么大!

狄拉回来了,他在饮品研讨会上收获颇丰,还带回来了一种新饮品的制作工艺。

狄拉走在瓜瓜城的马路上,看着这座乱糟糟的城市,惊讶地张大了嘴巴,这里到底发生了什么?他急忙找到阿瑟,问清情况。

阿瑟涨红了脸,讲了事情的经过,连连道歉。

听后,狄拉沉默了好久,拿出公文包里的一个文件。

他叹了口气说:"好东西也不能贪杯啊!"

那文件上写着——

葡萄酒制造工艺:水果放入密封罐中发酵15天……

致命的金子

　　过度的欲望会让人变得贪得无厌,永远体会不到满足的快乐。

　　有对家境贫寒的兄弟,从小相依为命。

　　天上的神仙可怜这对兄弟,便托梦给他们:"远方有一座太阳山,山上遍地都是金子,可以随意拾取。不过,太阳山温度很高,若太阳出来了,你们会被烧死,所以你们一定要在太阳出来之前下山。"

　　从梦中醒来后,兄弟俩便启程去了太阳山。他们历经千辛万苦终于到了太阳山。这时,太阳还没出来。

　　太阳山上果然遍地都是金子,看到金子,兄弟俩的表现差别很大。弟弟很激动,两眼放光,而哥哥只是淡淡地笑了笑。

　　哥哥捡了一块比较大的金子就下山了。而弟弟捡了很多块金子还不知足,他不停地捡着金子,忘记了时间。这时,太阳快要出来了。

　　弟弟的耳边响起了神仙的警告:"一定要在太阳出来之前下山!"

　　可他丝毫不理睬神仙的警告,仍旧没完没了地捡着金子。

不一会儿,太阳出来了,山上的温度越来越高。弟弟急忙背起沉重的金子想下山,可金子太重了,山上的温度太高了,他一头栽了下去,再也没有站起来。

让弟弟丢掉性命的是他内心深处无法满足的欲望。他不满足只捡一点金子,总觉得要趁着机会多捡一点,再多捡一点……永远不满足。

欲望就像一个深渊,怎么也填不满。适当的欲望可以转化为前进的动力,使人披荆斩棘,砥砺前行。但过度的欲望会让人迷失自我,变得贪得无厌,永远体会不到满足的快乐,还会因此酿成大错。

亲爱的男孩,你要学会克制欲望,不要让内心的天使变成恶魔。

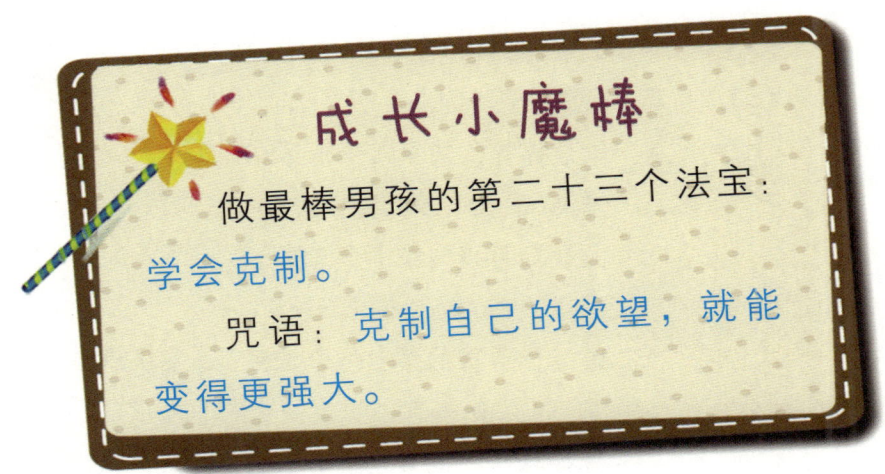

成长小魔棒

做最棒男孩的第二十三个法宝:

学会克制。

咒语:克制自己的欲望,就能变得更强大。

附录 做最棒男孩的二十三个法宝

做最棒男孩的第一个法宝:做个有趣的人。

咒语:趣味是生活的蜜糖。

做最棒男孩的第二个法宝:热爱阅读。

咒语:书里有万事万物的谜底。

做最棒男孩的第三个法宝:热爱运动。

咒语:运动是健康的源泉。

做最棒男孩的第四个法宝:守时。

咒语:抛弃时间的人,时间也会抛弃他。

做最棒男孩的第五个法宝:细心。

咒语:欲要看究竟,处处留细心。

做最棒男孩的第六个法宝:大度。

咒语:遇方便时行方便,得饶人处且饶人。

做最棒男孩的第七个法宝:独立。

咒语:智者一切求自己,愚者一切求他人。

做最棒男孩的第八个法宝:赶跑懒惰。

咒语:早起的鸟儿有虫吃。

做最棒男孩的第九个法宝:举止得体。

咒语:行为养成习惯,习惯造就性格。

做最棒男孩的第十个法宝:言谈得体。

咒语:言语是心灵的图画。

做最棒男孩的第十一个法宝:注意仪表整洁。

咒语:从外表可以窥视一个人的风度。

做最棒男孩的第十二个法宝:学会做饭。

咒语：烹饪为你的生活增添趣味。

做最棒男孩的第十三个法宝：学会整理收纳。

咒语：房间整洁，身心愉悦。

做最棒男孩的第十四个法宝：孝敬父母。

咒语：百善孝为先。

做最棒男孩的第十五个法宝：分担家务。

咒语：做个贴心的男孩。

做最棒男孩的第十六个法宝：不说脏话。

咒语：言语体现了一个人的素质。

做最棒男孩的第十七个法宝：不用暴力解决问题。

咒语：暴力是盲目的野兽。

做最棒男孩的第十八个法宝：不好斗。

咒语：不要为无意义的争斗浪费时间。

做最棒男孩的第十九个法宝：不斤斤计较。

咒语：小人存计较之心，君子有大度之量。

做最棒男孩的第二十个法宝：少吃零食。

咒语：少吃零食多吃饭，身体壮壮倍儿棒。

做最棒男孩的第二十一个法宝：学会保护自己。

咒语：多留心眼多注意，遇到坏人想主意。

做最棒男孩的第二十二个法宝：谨慎交友。

咒语：近朱者赤，近墨者黑。

做最棒男孩的第二十三个法宝：学会克制。

咒语：克制自己的欲望，就能变得更强大。

童话女皇 晓玲叮当作品

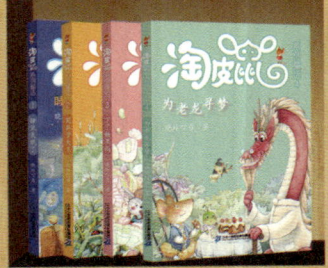
《淘皮鼠系列童话故事》

《淘皮鼠逆商系列玩具书》

《藏在成语里的历史故事》

《非常成长书》

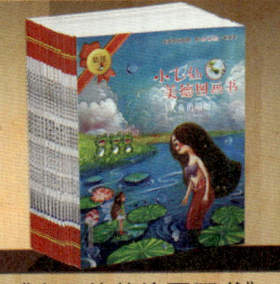
《小飞仙美德图画书》

《奇幻仙踪》

图书在版编目(CIP)数据

这样的男孩受欢迎 / 晓玲叮当编著. — 广州：新世纪出版社，2023.12
（非常成长书：男孩版）
ISBN 978-7-5583-2648-6

Ⅰ.①这… Ⅱ.①晓… Ⅲ.①心理健康－健康教育－少儿读物 Ⅳ.①G444-49

中国版本图书馆CIP数据核字(2020)第236307号

这样的男孩受欢迎
ZHEYANG DE NANHAI SHOU HUANYING

著　　者：	晓玲叮当
出 版 人：	陈少波
责任编辑：	刘梦瑶
责任校对：	毛　娟
责任技编：	王　维

出版发行：新世纪出版社
　　　　　（广州市越秀区大沙头四马路12号2号楼）
经　　销：全国新华书店
印　　刷：雅迪云印（天津）科技有限公司
规　　格：710mm×1000mm　　开　本：16 开
印　　张：9　　　　　　　　　字　数：90千字
版　　次：2023年12月第1版　　印　次：2023年12月第1次印刷
定　　价：35.00元

质量监督电话：020-83797655　购书咨询电话：020-83781537
版权所有，侵权必究
如发现印装质量问题，请寄回本社图书发行公司调换，服务热线：0791-86512056